포토맥에 뜨는 일곱 개의 달

천년의시작 에세이 포토맥에 뜨는 일곱 개의 달

1판 1쇄 펴낸날 2025년 11월 20일
지은이 김용미
펴낸이 이재무
책임편집 이호석, 박현승
편집디자인 김지웅, 장수경
펴낸곳 (주)천년의시작
등록번호 제301-2012-033호
등록일자 2006년 1월 10일
주소 03132 서울시 종로구 삼일대로32길 36 운현신화타워 502호
전화 02-723-8668
팩스 02-723-8630
홈페이지 www.poempoem.com
이메일 poemsijak@hanmail.net

ⓒ김용미, 2025, printed in Seoul, Korea

ISBN 978-89-6021-831-4 03810

값 18,000원

*이 책 내용의 전부 또는 일부를 재사용하려면 반드시 저작권자와 (주)천년의시작 양측의 동의를 받아야 합니다.
*잘못된 책은 바꾸어 드립니다.
*지은이와 협의에 의해 인지는 생략합니다.

천년의시작 에세이

포토맥에 뜨는 일곱 개의 달

김용미 에세이

천년의
시작

책을 펴내며 —

꽃이라 써보고 별이라 불러 보는 것

할머니는 꽃을 싫어하시는 줄 알았다. 감자밭에 별처럼 핀 감자꽃도 모지락스럽게 잘라 밭고랑에 던지시고 길섶의 허리 긴 망초 역시 할머니 눈에 띄는 날이면 뿌리째 뽑히며 비명횡사를 면치 못했다. 먹거리가 모자라던 시절이었다. 가난한 밥상을 채우는 일로 한평생을 사신 할머니의 채마밭에 눈치 없이 핀 꽃들은 그악스러운 할머니의 손끝에서 그렇게 생을 마감해야 했다. 그런 할머니가 초저녁 마루 끝에 앉아 다정스레 말을 거는 꽃이 있었으니 마당가의 수국이었다. 그꽃이 새끼들에게 맘껏 퍼주고 싶었던 쌀밥을 닮았기 때문이었을까. 꽃이 고봉밥 사발을 닮았기 때문이었을까. 꽃에게 말을 걸던 할머니가 가끔 생각난다.

낯선 미국에서 수국을 처음 보았을 때 나는 걸음을 멈추었다. 꽃은 새로 이사한 동네의 어느 집 울타리 너머로 늘어져 있었다. 나무는 햇빛에 하얀 꽃덩이를 내놓고 막 분홍색으로 꽃빛을 바꾸던 중이었다. 그 분홍빛 수국에 된서리가 내리기 시작하여 꽃이 보라색으로 변해가는 늦가을 초입에 나는 그 꽃을 도둑질하고야 말았다. 울타리 밖으로 당알당알 무겁게 넘어와 있는 꽃가지 하나를 뚝 분질러 들고 바삐 걸었다. 달밤이었다. 달빛 때문이었다. 내 어릴 적 살던 집의 모퉁이에 서 있던 오동나무, 그 커다란 잎사귀에서 미끄럼을 타던 달빛이 나를 쫓아와 있었기 때문이었다. '꽃'이라 써 보는 것, '별'이라 불러 보는 것, '밥'이라 소리 내 보는 것, 모국어에는 절묘한 기운이 있다. 나는 그 모국어 때문에 타국에서 긴 시간을 견디며 살아왔다고 말해도 지나치지 않다. 개밥바라기처럼 외로운 시간도, 가슴 속이 물기 하나 없이 말라버렸을 때도, 혼돈과 좌절의 시간도 모국어가 나를 다독였다. 도리질치고 딴청 부리는 내 어린것들에게도 그 모국어의 젖줄을 물려주기 위해 애를 쓰며 살아왔다. 그리고 꽃과 별과 밥이 그들과 진정한 소통을 하는 하나의 세계를 소유하게 될 때까지 나의 그 수고는 계속될 것이다.

내가 아는 모국어의 맛은 차지다. 햅쌀에 자박자박 된 물을 잡아 솔가리 한 줌을 던져 넣어 잦혀낸 쌀밥 같다. 내 모국어의 자궁은 호박꽃 같은 등불 아래 그 쌀밥을 호호 불어 먹던 동네였다. "눈 다친다 눈 다쳐 감아라 눈 감아라" 뜨거운 물 한 바가지를 버리면서 땅속 벌레에게도 말 걸던 사람들, 두둑에 심은 콩 넝쿨에게도, 여물 구새의 구순한 돼지에게도 다정하던 사람들이 살던 동네였다. 나는 할머니의 무명 치마에 묻어 밤마실 가는 걸 좋아했다. 할머니들한테선 쉰밥 냄새가 났다. 비 젖은 짚북데기 냄새 같은 것도 났다. 그 할머니들 사이에서 곶감 하나나 굳은 떡 조각 하나를 쥐고 까무룩 잠이 들면 그 잠 속으로도 자분자분, 할머니들의 이야기 소리는 계속되었다. 할머니의 등에 선잠을 묻고 돌아오는 길에도 우렁우렁, 할머니의 혼잣소리는 계속되었다. 할머니의 등으로 쏟아지던 하얀 달빛, 논둑을 무너트릴 듯이 울어대던 개구리 울음소리, 멀찌감치서도 눈치채고 일어서던 누렁이의 기척, 그 아늑했던 모든 것이 내 모국어의 자궁 속에 있다. 그리고 나는 지금도 가끔 달이 덜 차서 나온 아이처럼 그 자궁 속을 그리워하며 살아가고 있다.

햇귀가 미처 떠오르기도 전, 잠든 동네를 빠져나와 자작나무 숲을 돌아 내 삶의 터전인 세탁소로 간다. 대부분의 가게는 어두운 창문을 내린 채 아직 남은 새벽잠에 빠져 있다. 아침을 파는 베이커리의 창문만이 환하다. 베이커리를 빠져나온 빵 굽는 냄새와 커피 냄새가 안개처럼 새벽 공기 속을 떠돈다. 튤, 리셋, 마리아, 카르맨, 가르시아, 후안, 파티마 그네들도 나도 이민자로서의 삶은 고달프기만 하다. 줄줄이 다려 놓은 옷에서 풀풀 김이 난다. 몽골, 과테말라, 엘살바도르, 페루, 멕시코, 온두라스 생김새는 비슷한데 낳아준 모국은 각기 다르다. 저마다의 귀에는 이어폰이 끼어 있다. 무슨 노래일까, 무한 반복되는 경쾌한 리듬도 있고, 라 쿠카라차! 굶주림의 삶을 노래한 바퀴벌레의 노래도 있다. 리오그란데강을 몰래 넘으며 끊임없이 도망 다녀야 했던 이민의 설움을 기억하는 노래도 흘러나온다. 노래가 된 저들의 모국어, 저마다의 삶이 뜨겁듯이 저마다의 모국어도 뜨거운 것이리라.

한국을 떠난 지 오래지만 모국어를 품고 글을 쓰고 있다는 것을 미쁘게 여겨주시고 병환 중에도 해설을 써주신 김우종 교수님께 감사드린다. 가볍게 털고 일어나시길 기도하며 본

받고 싶은 좋은 어른의 자리를 아주 오래도록 지켜주셨으면 하는 바람이다.

2025년 초겨울
미국 포토맥에서

차례

책을 펴내며 · 4

제1부 가을꽃이 목이 긴 이유

구부러진 길 · 16 | 가을꽃이 목이 긴 이유 · 21

에스테이트 세일 · 26 | 쉼표 · 33

빨래 · 38 | 빈 봉투 · 44

울프문 · 49 | 저녁 다섯 시 · 54

제2부 어두워진 다음에 보이는 것들

따스했던 것들 · 62 | 어두워진 다음에 보이는 것들 · 67

진달래 연서 · 72 | 채송화 연가 · 77

하룻밤 자고 나면 · 82 | 개밥바라기별 · 87

괜찮아 괜찮아 톡톡 · 93 | 그 산에 내리던 눈 · 100

제3부 소원을 말해 봐

똥강아지가 보낸 편지 · 108 | 소원을 말해 봐 · 115

마지막 드라이브 · 120 | 아침밥을 지으며 · 126

집 · 132 | 지우산 · 137

하지감자 · 142 | 냇물이 바다에서 다시 만나듯 · 149

제4부 석양은 다시 지는데

접시꽃이 피었다 지면 · 156 | 풍금 소리 · 162

석양은 다시 지는데 · 167 | 박태기나무 · 173

감나무 · 178 | 할아버지의 노래 · 184

작은 대문 · 190 | 보따리 · 195

제5부 저 달이 그 달일까

저 달이 그 달일까 · 202 | 여름 산, 그 너머 · 208

가을 운동회 · 214 | 팔월 열나흗날 밤 · 220

십일월 · 225 | 십이월 소묘 · 230

그해 겨울, 첫 번째 이야기 · 235

그해 겨울, 두 번째 이야기 · 241

그해 겨울, 세 번째 이야기 · 247

제6부 봄볕은 가루분처럼 내리고

밥, 첫 번째 이야기 · 254

밥, 두 번째 이야기 · 259

장마 · 264 | 봄볕은 가루분처럼 내리고 · 269

목단꽃 솜이불 · 274 | 커피를 마시며 · 280

반달접시 · 285 | 오래된 편지 · 290

아직 끝나지 않은 이별 · 296

해설 김우종 · 302

제1부

가을꽃이
　목이
　　긴
　　이유

구부러진
길

- 맥아더 블루버드

　가게 일을 마치고 차에 오른다. 집으로 돌아가는 길은 여러 갈래이다. 출근 시간에 이용하는 넓고 빠른 길도 있고 중간 속도를 내며 갈 수 있는 길이 있으며, 포토맥 강변 위쪽으로 나 있는 아주 좁고 느린 옛길이 있다. 나는 특별한 일이 없는 한 그 마지막 길을 택해 집으로 돌아가곤 한다. 그것은 동살에 집을 나서 그 해가 이울 때에야 집으로 돌아가는 내 지루한 일상에 대한 작은 일탈 같은 것이다. 그 길은 제한 속도도 느리고 구부러짐이 심한 데다가 아주 오래된 외다리도 하나 놓여 있다. 그래서 어쩌다 다리 앞에서 신호등에라도 걸리는 날이면 건너편의 차들이 건너오기를 기다리느라 다소 지루한 기분을 견뎌야 하는 길이다. 하지만 기다리는 동안 나뭇가지 사이로 매달려 있는 빨간 신호등을 바라보며 홍시를 연상해 본다거나 노루 꼬리만큼 남아 있던 해가 서쪽

숲으로 간단없이 넘어가 버리는 걸 목격하는 일은 그리 나쁘지 않다.

오늘도 그 길을 밟아 집으로 돌아간다. 풀잎도 나무도 저마다의 그림자를 거둬들이는 시각이다. 사람들은 집으로 돌아가는 길 위에 있고 하늘엔 노을만이 붉다. 그 붉은 저녁노을에 머리를 감고 있는 풀숲의 산수유 열매를 보니 가을은 돌이킬 수 없이 깊어진 모양이다. 불현듯 찾아왔다가 다시 불현듯 떠나가는 계절이 가을이다. 오른편 숲에서 튀어나온 잿빛 다람쥐 한 마리가 길을 건널 셈인지 고개를 갸웃거리며 망설이고 있다.

애초의 길은 저런 다람쥐나 토끼 같은 작은 동물을 쫓아 조금 더 큰 동물이 지나가고 다시 사람들이 그 뒤를 쫓아가며 생겨났을 것이다. 구부러진 길을 달리다 보면 길을 향해 허리를 굽히고 있는 나무들을 자주 만난다. 오래전 사람들은 이 길을 내며 나무 한 그루와 바위 하나 때문에 에둘러 길을 냈으리라. 이제 사람들은 곧고 빠른 새 길을 내기 위해 산의 허리를 자르거나 물줄기를 돌려놓는 일을 서슴지 않는다. 하버드대학 교수 임마누엘 페스트라이쉬의 『인생은 속도가 아니라 방향이다』라는 제목의 에세이집을 읽은 적이 있다. 그 책은 제목만으로도 말해주는 게 많았다. 지금 내가 달리고 있는 길은 방향이 맞는지, 속도만을 따라 떠밀리듯 살아오지는 않았는지, 가끔은 멈춰 서서 생각하게 만들었다.

전깃줄에 한쪽 어깨를 베어내 준 갈참나무 밑을 지난다. 늙은 갈참나무의 깍정이를 떠난 열매가 차의 등으로 투둑, 소리를 내며 떨어진다. 앞서거나 뒤서는 차들도 서두르는 법이 없어 보이는 이 길은 이런저런 생각을 하며 갈 수 있어서 좋다. 길과 나란히 어깨를 겯고 나 있는 산책로에는 언제나 익숙한 사람들의 모습이 보인다. 강아지를 데리고 산책 나온 여자를 스치고 유아용 자전거를 뒤에 매단 채 한가로이 자전거 페달을 밟는 남자 곁을 스쳐 지난다.

늙은 백양나무들이 하늘을 이고 있는 공원 어귀에서 오늘도 어김없이 중년 부부를 만난다. 남편을 의지하고 천천히 걸음을 떼어 놓고 있는 아내 모습이 지난여름보다 많이 야위어 있다. 계절이 깊어지고 나면 저들을 다시 만날 수 있을지, 두툼한 스웨터를 걸친 그녀의 모습을 차의 룸미러로 한 번 더 확인하며 강변도로와 만나는 다음 삼거리를 향해 살짝 가속페달을 밟는다. 세 번째 삼거리에 다다르면 강변도로를 타고 온 차들을 만난다. 신호등이 없는 길에서 만난 차들은 짧은 조우를 마친 뒤 서두를 것도 없이 차례차례 오른쪽으로, 왼쪽으로 꺾으며 대열에 합류한다. 큰 도로에서 만나는 차들은 경쟁의 대상이 되기 십상이지만 한적한 길에서 만나는 차들은 어쩐지 정답다. 앞서거니 뒤서거니 가던 차량이 갈림길에서 다른 방향으로 접어들면 살짝 섭섭하기까지 하다.

옛길에는 삼거리가 많았었다. 그래서인지 삼거리가 많은 이 길을 가다 보면 마음이 아련해지며 옛길들이 생각난다. 봄비에 싸리 꽃잎이 눈처럼 떨어지고 가을이면 도꼬마리들이 장난치며 옷에 들러붙던 그 산길이 생각난다. 노란 탱자 울타리를 끼고 나 있던 고샅길이 생각난다. 어른들이 작대기로 이슬을 털며 앞장서 주던 들길이 생각나고, 말가웃의 곡식이나 보리 질금 두어 됫박, 흙 묻은 푸성귀를 머리에 인 할머니가 걸어가던 신작로도 이따금씩 기억이 난다. 미루나무 잎들이 하얗게 배를 뒤집는 쪽을 보고 바람의 방향을 알아채고, 베어낸 벼 포기 위에 쌓인 눈이 하얀 밥사발 같다고 생각하며 자라던 그 길들 위에서 내 감성의 기초가 세워질 수 있었던 건 축복이었다. 구부러지고 어눌했던 그 길들이 나를 키워냈다 하여도 지나친 말이 아니리라.

큰길로 합해지기 직전에 한 번 더 돌아야 하는 모퉁이, 그 집의 뜰을 가득 메우고 있던 백일홍의 검붉은 꽃잎들이 꽃받침 위에서 그대로 시들어 가고 있는 것이 보인다. 백일홍들이 꽃 피우기를 그만둔 것만 보아도 가을은 깊을 대로 깊어지고 있다는 이야기이다.

길은 좁고 구부러져 있을수록 많은 것들을 품고 간다. 구부러진 길가에는 많은 생명이 산다. 나무나 풀, 하물며 질경이 같은 것들도 그 길가에 엎드려 살며 사람들의 발자국이나 차의 바퀴에 묻어 작은 생명을 퍼트리며 산다. 물길도 그 흐름이 빠른 곳에서는 물고기나 물풀 같은 생명들을 키우지 못한다. 사람도 마찬가지가 아닐까. 넓고 빠른 길로만 살아온 사람들은 모를 것이다. 실패를 모르고 살아온 사람들은 알 수가 없을 것이다. 세상에는 좁고 구부러진 길들이 허다하고 그 길을 힘들게 가는 사람들이 많다는 사실을 말이다. 그래서 타인을 향한 따뜻한 시선과 사랑과 배려 같은 걸 배울 기회가 없을지도 모른다.

행여 내 삶의 길이 좁고 구부러져 있다고 생각한다면 그 길을 가는 동안 볼 수 있는 것들을 생각하면서 길을 가면 좋을 것 같다. 좁고 구부러지고 어두운 길에서만 보이는 것들이 있기 때문이다. 가령 북서쪽으로 기우는 해 아래 흔들리는 풀꽃이라든가 생의 마침표를 찍기 위해 땅으로 떨어져 내리는 무수한 잎들, 허리가 살짝 휜 초승달을 바라볼 수 있는 건 천천히 가는 길 위에서만 가능하기 때문이다.

가을꽃이
목이
긴
이유

 지붕을 토닥이는 빗소리가 잠을 깨운다. 가을비다. 가을비는 소란스럽지 않아서 좋다. 빗소리 사이로 낮은 기압이 끌어당긴 기적 소리가 들린다. 언제 들어도 아련하고 슬픈 소리다. 기적 소리는 가슴속 그리움의 문짝을 제멋대로 열어젖히고 나는 맨발로 그 문턱을 넘는다. 나의 맨발은 익숙하게 태평양을 건너고 푸른 산 굽이치는 한국에 닿아 느리게 가는 기차를 잡아탄다.

 어릴 때 부모 곁을 떠나 도시의 학교로 진학했던 나는 기차를 자주 탔다. 어머니의 손바느질처럼, 그 느린 홈질처럼 드문드문 쉬었다가 다시 떠나던 삼등열차를 타고 다녔다. 내 기억 속의 그 열차는 지치고 고단한 사람들이 타고 있었다. 더러의 사람들은 잠들어 있고 또 더러는 창밖의 풍경에 시선을 두고 있었다. 선반에는 아무렇게나 던져둔 보퉁이들이 옆구리가 터진 채 포개져 있기도 했다. 기차는 타고 내리는 사람이 없더라도 모든 간이역마다 다정한 누이처럼 등을 내놓고 기다려주었다. 기차도 사람도 참 순하던 시절의 이야기이다.

내가 타고 다니던 기차들은 이제 없어졌을 것이다. 속도의 혁명이라 불리는 초고속 기차가 도입되면서 역사 속으로 사라진 기차도 많고 폐쇄된 간이역도 있다고 하니 말이다. 더러는 문화재라는 이름을 달고 보존된 간이역도 있다고 하지만 정지된 시간 속에 서 있는 그들은 필경 기억 저편의 분주했던 시간을 그리워하고 있을 것이다. 기차가 도착하면 목화솜이 터지듯 역사로 밀려드는 사람들을 팔 벌려 맞이하던 그 시절을 말이다. 그래서 가을이 깊어 가는 오늘 같은 날이면 초라한 역사의 창 밑에 백일홍 몇 포기를 머리핀처럼 꽂아놓은 채 사람들을 기다리고 있을지도 모른다.

고국을 떠나 사는 삶, 스스로 디아스포라가 되어버린 이민자들의 삶에 고향이란 감성 대명사가 슬며시 고개를 드는 계절이 가을이다. 디아스포라라는 단어를 떠올리면 생각나는 한 사람이 있다. 영국 범죄 사상 세기에 남을 기록을 세웠던 로니 빅스라는 사람이다. 그는 강도 열네 명과 함께 달리는 국립 우편열차를 세워 어마어마한 돈을 강탈한 범인이었다. 그는 체포되어 오랜 형을 받고 복역 중에 탈옥, 영국과 범죄인도조약이 체결되어 있지 않은 브라질로 도망하는 데 성공

했다. 그곳에서 결혼하여 아이까지 낳은 그는 영화 같은 과거 때문에 유명 인사가 되었고 영국 사법당국을 조롱하는 말도 서슴지 않으며 자유롭게 살았다. 그러던 그가 칠십 세가 넘어 갑자기 자수를 했다. 왜 그런 선택을 했을까? 런던공항으로 송환된 그에게 기자들은 숱한 카메라 셔터를 눌러 대며 질문 공세를 던졌다. 그는 단순한 대답 한마디를 한다. "죽기 전에 내 고향 리버플의 선술집에서 맥주 한잔 마시고 싶었소."

강력범에 대한 공소시효가 없는 영국 법에 따라 그는 재수감되었다. 그는 분명 전 세계를 떠들썩하게 만든 흉악범임에 틀림이 없다. 그런 그의 입에서 나온 고향이라는 단어는 사람들 마음에 그의 죄명을 한순간이나마 유예시키게 하는 힘이 있다. 허름한 술집을 품고 있는 리버플, 그의 고향은 누구나 하나씩 가지고 있는 그리움의 공통분모이기 때문이다.

가을이 되면 한국이 더욱 그리운 이유 중의 하나는 가을에 피는 꽃들 때문이다. 신작로나 철길에 무리 지어 피던 코스모스나 둔덕에 피던 들국화가 보고 싶기 때문이다. 뽀얀 먼지를 일으키는 버스를 타거나 산기슭을 돌아 굽이치며 달리는 기차의 창으로 내다보이던 그 가을꽃들의 목은 고향을 향하는 내 그리움의 목처럼 길었다. 바람이 부는 방향으로 누웠다가도 순하게 일어서며 손 흔들던 그 가을꽃들을 다시 한번 보고 싶다. 가능하다면 느리게 가는 기차에 앉아서 말이다.

가을꽃은 빙하를 따라 떠내려온 북쪽 지방의 식물들이 죽지 않고 남아 있다가 그대로 환경에 적응하게 된 것으로 추정된다고 한다. 얼음이 녹을 때까지 기다리다 보니 싹을 틔우는 시기가 늦어졌고 일조량이 적다 보니 식물의 줄기와 목은 가늘어졌다. 한 조각의 햇살에라도 닿기 위해 발뒤꿈치를 들고 목을 길게 빼는 가을꽃의 삶은 경이롭다.

코스모스는 어린 윗순을 잘라내면 두 개의 곁가지를 내놓고 쑥부쟁이나 개미취는 스스로 밑동에 숱한 잔가지를 달기도 한다. 그렇게 가을꽃이 무리 지어 피는 이유는 향기를 모으기 위함이다. 그 향기로 다른 계절에 비해 개체수가 모자라는 벌과 나비를 불러들여야 하기 때문이다. 씨앗으로 종족을 보존하는 종류의 가을꽃은 심한 밤낮의 기온 차이로부터 씨앗을 보호하기 위해 낮에는 씨방을 반쯤 열어 두고 어둠이 내리면 잽싸게 닫아버리기도 한다. 하얀 서릿발을 뒤집어쓴 채 죽어가면서도 남은 한 송이의 꽃을 밀어내 놓는 가을꽃의 모습은 눈물겹다.

눈물겨운 생존방식의 가을꽃과 고국을 떠나와 사는 디아스포라의 삶은 닮은꼴이다. 빙하에 떠내려온 식물처럼 낯선 땅으로 건너와 살아내는 일은 쉽지 않다. 새로이 뿌리를 내리는 일도, 뿌리의 반경을 넓히는 일도 힘겹다. 이민자들은 새벽의 안개를 열고 밤의 빗장을 닫으며 늦은 나이까지 치열하게 일한다. 가을꽃이 씨앗을 위해 씨방을 여닫으며 분주하듯이 이민자들도 후대에게만은 좀 더 나은 삶의 터전을 남겨주기 위해 애쓰며 산다. 같은 이민자들끼리 자연스럽게 모여 사는 것도 가을꽃이 무리 지어 피면서 향기를 모으는 이유와 비슷할 것이다. 나도 이제는 이민자로서 살아온 세월이 태어나고 자란 땅에서 산 세월을 넘어버렸다. 옮겨온 나의 뿌리 역시 힘겹게 자리를 잡아 줄기를 키우고 꽃도 피워보려 노력하고 있다.

한국을 떠난 지 오래되었어도 가을이 되면 태평양 건너의 본토는 여지없는 그리움의 영역이 되고 만다. 그곳이 그리워 가을꽃처럼 목을 길게 뽑아보기도 한다.

또 한 차례의 기적 소리가 지나가고 있다. 저 소리는 필라델피아를 떠나온 기차가 내는 소리일까. 보스턴을 향해 가는 기차가 내는 소리일까. 아니면 고향으로 치닫는 내 마음의 기차가 바람결에 토해 놓는 그리움의 소리일까. 가랑비에 순하게 젖는 가을이 깊어 가고 있다.

(경희해외 문학상 수상작)

에스테이트
세일

내 취미 중 하나가 에스테이트 세일에 가는 일이다. 에스테이트 세일이란 자녀들이 돌아가신 부모의 유품을 전문회사에 위탁하여 처분하거나 집의 크기를 줄여 이사할 때 집 전체를 오픈하고 하는 세일이다. 뉴욕에서 신혼살림을 시작하면서 야드 세일에 간 적이 있었다. 휴일 아침의 햇살 아래 물건들을 펼쳐 놓고 판다는 느낌보다는 필요한 이들에게 나눠준다는 느낌의 세일이었다. 나는 그곳에서 꽃병 하나와 바구니를 구입했던 것 같다. 앤틱을 좋아하게 된 이후로는 행운처럼 만날지도 모르는 앤틱 때문에 세일을 찾아다니기도 했다. 하지만 나이가 든 지금은 그저 세일하는 집 안의 물건을 통해 낯모르는 사람들이 살아낸 삶의 흔적을 엿보거나 그 궤적을 짐작해 보는 일이 좋아서 가본다. 또한 집집마다 다른 미국 집의 인테리어를 구경할 수 있는 흔치 않은 기회이

기도 하다.

큰 사거리에서부터 따라간 화살표 세일 안내 표지는 더 이상 길이 이어지지 않는 데드 앤드의 붉은 벽돌집 앞에서 멈췄다. 막다른 골목에 위치한 집들은 대부분 집 뒤의 풍광이 좋다. 현관으로 들어서니 정가의 20%를 추가로 할인해 준다는 안내문이 쓰여 있다. 세일의 둘째 날이라는 뜻이다. 주말을 이용해 사흘 동안 하는 세일은 일요일에 가격이 반으로 떨어지면서 끝난다. 처분되지 못한 물건들은 비영리단체나 쓰레기장으로 보낸다.

나는 언제나처럼 주방부터 들어가 보았다. 베이 윈도우를 통해 숲이 통째로 내다보이는 주방에는 누군가가 조금 전까지 쿠킹을 했던 것처럼 모든 용품이 제자리를 지키고 있다. 주방 한쪽에 가족이 앉아 식사를 하는 브랙퍼스트 테이블과 체크무늬 덮개를 씌운 의자가 먼저 눈에 들어온다. 가족의 웃음소리와 포크 소리가 오갔을 테이블 위에 오븐 트레이와 오븐 장갑, 에이프런, 은스푼 세트, 머그잔, 주방 저울, 모래시계 같은 것들이 진열되어 있다. 아일랜드 위에도 많은 주방용품이 나와 있다. 냄비며 후라이팬, 크고 작은 접시들을 비롯하여 커피 머신과 뜯지 않은 원두커피, 토스터와 와인도 있다.

주방 옆 다이닝룸의 고급스러운 다이닝 테이블 세트에는

이미 누군가가 지불을 끝냈다는 표시가 붙어 있다. 벽에는 아주 큰 그림이 걸려 있다. 클로드 모네의 고혹적인 그림 〈개양귀비〉였다. 한 부부가 관심이 있는지 남편은 줄자로 사이즈를 재고 아내는 팔짱을 낀 채 오래 지켜보고 있다.

다음 차례는 서재이다. 에스테이트 세일에서 늘 다른 방에 비해 한산한 방이 서재이다. 중년의 한 남자가 이미 고른 몇 권의 책을 옆구리에 낀 채 계속 책을 고르는 중이다. 책장에 25센트씩 파는 책들이 아직도 많이 남아 있다. LP판과 문구류와 오래된 아날로그식 카메라도 예닐곱 개가 넘어 보인다. 주인이 미처 챙기지 못한 걸로 여겨지는 앨범도 있다. 나는 얼떨결에 책장 한쪽에 꼽혀 있는 앨범을 꺼내 첫 장을 열어 보았다. 리넨 드레스에 들꽃 부케를 들고 있는 신부의 사진이 먼저 눈에 띈다. 흑백영화 속의 한 컷 같은 사진이다. 한여름의 바닷가에서 찍은 부부의 사진도 있다. 젊고 건강한 그들의 머리 위로 태양이 쏟아지고 있다. 푸르고 빛나는 나이의 사진 밑에 몇 십 년 전의 날짜와 신부의 것으로 보이는 제인이라는 이름도 적혀 있다.

안방에 들어가 보고 먼저 세상을 떠난 사람이 제인의 남편이라는 걸 짐작할 수 있었다. 남녀 따로 있는 워크인 클로짓의 한쪽은 비어 있고 남은 한쪽에는 할머니의 옷들만 걸려 있다. 혼자 남은 할머니가 따뜻한 플로리다쯤으로 이사 가기 위해 집을 정리하는 걸까. 혹은 혼자서 몇 년쯤 더 살다가 할아버지처럼 세상과 작별을 한 걸까. 나는 침대 시트며 퀼트 이불, 램프, 욕실용품, 할머니의 것으로 보이는 실크 스카프에 관심을 보이는 여자들 사이를 빠져 나와 차고로 갔다.

차고에는 여느 에스테이트 세일과 마찬가지로 각종 연장과 잔디 깎는 기계, 추수감사절이나 크리스마스에 장식했던 소품들과 고풍스런 액자들이 흐트러져 있다. 젊었을 때 같으면 시중 가격의 십분의 일밖에 하지 않는 튼튼한 사다리나 크리스마스 오너먼트에 관심이 갔을지도 모른다. 무심코 차고를 빠져나오려던 내 눈에 쓰레기통 옆에서 시들고 있는 난 하나가 눈에 들어왔다. 할머니가 오랫동안 병원에라도 있었던 걸까. 얼마나 물을 주지 않았는지 두툼한 난의 잎이 고통스럽게 뒤틀려 있다. 물기가 전혀 없는 화분은 아주 가뿐했다. 가격표마저 붙어 있지 않았다.

나는 다시 주방 쪽으로 갔다. 잔뜩 진열되어 있던 향초에 못내 아쉬움이 남아 있었기 때문이었다. 에스테이트 세일에서 빈손으로 돌아서기 아쉬울 때 집어 드는 게 바로 향초이다. 물건을 정리하면서 살고 있지만 남아 있는 향기만 선물해 주고 사라지면 그뿐인 것이 향초이므로 가끔 사들고 온다.

난을 들고 계산대로 갔지만 시든 난의 값은 받지 않고 화분 값으로 1불만 내라고 했다. 볕 좋은 창가에 자리를 잡아준

난은 뒤틀린 잎사귀를 펼 줄 모른 채 살아가고 있었다. 꽃 피우는 방법을 잊기라도 한 건지 계절이 몇 번 바뀌어도 아무런 변동이 없었다. 삐죽이 밀어올린 꽃대 끝에서 몽글한 꽃망울을 발견한 건 얼마 전의 일이다. 날마다 들여다 보아도 같은 모양새이더니 어느 날 아침, 나비 같은 꽃 하나를 슬로우 비디오처럼 피워 놓았다.

하얀 난과 눈이 마주쳤을 때 에스테이트 세일을 하던 그 붉은 벽돌집이 떠올랐다. 훼밀리룸 벽난로 앞에 덩그마니 놓여 있던 안락의자도 생각났다. 제인 할머니는 그 의자에 앉아 손뜨개질을 하면서 늙어갔을 것이다. 그녀는 과자 굽는 일을 좋아했으며 민들레 티와 티냐넬로 와인을 즐겼던 것 같다. 라벤더나 세이지 향의 초를 켜놓고 책을 읽으며 하루치씩 나이가 들어갔을 것이다. 차고의 종이 박스에 아직도 남아 있는 알록달록한 털실과 주방의 과자 반죽 모양틀, 티백 박스, 와인병과 바구니 안의 많은 향초들이 그걸 말해 주었다. 아날로그식 카메라의 주인이었던 제인 할머니의 남편은 아마도 사진 찍기가 취미였으리라. 그 오래된 카메라들은 다 어디로 갔을까. 젊을 적의 나처럼 앤틱을 사랑하는 누군가가 가져갔다면 좋으리라.

몇 년 전, 시어머니께서 돌아가시고 홀로 사시던 아파트를 정리해야 했던 적이 있었다. 깔끔하고 단출하게 사시던 분이었는데도 가구들을 비롯해 장롱 속에서 꺼내고 베란다 창고에서 끌어내 놓은 물건의 양은 아주 많았다. 누군가에게 주고, 재활용장으로 보내고, 더러는 비용을 들여 처리해야 했다. 어머니의 온기가 묻어 있는 물건들과 작별을 하는 일은 감정적으로도 쉽지 않은 일이었다. 마침내 어머니를 기억할 몇 가지 소품들을 캐리어에 넣고 며칠 더 머물 이부자리 한 채와 쓰다 버리고 갈 그릇 몇 개만이 남았다. 불편할 거라고 예상했던 생활은 의외로 편안했다. 티비가 빠져나간 공간으로 밤기차의 기적 소리가 들려왔다. 벽에서 떼어낸 그림 대신 창 너머로 사선을 그으며 내려오는 초여름의 푸른 빗줄기를 감상할 수 있었다.

미국으로 돌아온 나는 서둘러 내 살림도 비워내기 시작했다. 아까워서 버리지 못하고 추억 때문에 밀어내지 못했던 물건을 정리하면서 문득 떠오르는 풍경이 하나 있었다. 반세기도 넘는 내 기억 속의 첫집이다. 그 집의 안방 살림은 반닫이 하나에 시렁 하나가 전부였다. 정갈하게 닦아 놓은 대청마루는 텅 비어 있었고 햇살과 바람이 머물다 갈 뿐이었다. 모스러진 돌절구 하나를 품고 있는 하얀 마당을 밟고 다니며 나의 키는 자랐다. 어머니는 그 마당을 지나가는 하오의 처마 그림자를 보며 밥 지을 시간을 가늠했다. 냉장고에 채우고 얼리지 않았어도 어머니는 텃밭에서 따낸 것들로 요술처럼 밥상을 차려냈다.

물건도 모으는 때가 있고 없애는 나이가 따로 있다. 이제 나는 내 처음 집처럼 단순한 구도 속에 최소한의 것들만 가지고 살고 싶다. 생각의 부피도 내일까지 부풀리지 말고 오늘 하루치의 생각만으로, 가능하다면 그 속에 감사를 채우며 살고 싶다.

지난 계절 쏟아질 듯 많았던 하늘의 별들도 이삿짐을 싸 어딘가로 옮겨간 것일까. 쓰레기를 내다 놓으며 올려다본 하늘은 차갑게 식은 별 몇 개만을 매달고 아스라이 멀리 있다. 집 앞 나무들은 이파리 하나 남기지 않고 떠나보낸 채 빈 가지만 헐겁다. 온몸을 비워낸 나무는 바람에게 길을 내주고 달빛이나 눈송이에게 의자가 되어주며 남은 계절을 살아가리라. 나는 제인 할머니가 태우다 만 향초를 찾아 불을 붙여 본다. 긴 잠에 빠져 있던 세이지의 향이 놀란 듯 주춤거리며 피어오르고 있다. 테이블 위로 수줍게 퍼지던 세이지 향이 어깨가 뒤틀린 채 초저녁잠에 빠져 있는 창턱의 난에게 가까이 다가가고 있다. 겨울이 깊어 가고 있다.

쉼표

남편과 함께 하퍼스 페리(Harpers Ferry)에 갔었다. 블루리지 산맥의 기슭에 박혀 있는 작은 마을은 아름다웠다. 남북 전쟁 당시 집중 공격을 받았던 흔적은 지워지고 언덕 위의 오래된 성당이며 붉은 벽돌집들이 다정하게 어깨를 걸고 있는 모습은 평화롭기만 했다. 우리는 제법 매운 바람이 부는 언덕길을 올라 보고 옛날 간이역 모습을 그대로 간직하고 있는 역사에 앉아 절벽 속 동굴로 사라지는 기찻길을 바라보기도 했다. 입구에 달아 놓은 작은 종이 손님이 왔다고 달랑거리는 엔틱 가게들을 구경하는 일도 재미있었다.

길가의 올망졸망한 가게들을 둘러보던 중 빈티지 액자 하나가 눈에 들어왔다. 어눌하게 손바느질을 배우던 여학교 시절이 생각나는 프랑스 자수 액자였다. 레이지데이지 스티치로 수를 놓은 진홍색 꽃잎 몇 장 밑에 적혀 있는 세 줄의 글이 미소를 짓게 했다. "Good moms have sticky Floors, Messy Kitchens, Dirty Ovens, And Happy Kid." 과연 내 아이들은 행복한 아이들일까. 나는 세상에 하나밖에 없는 엄마라는 이름의 따뜻한 둥지이기는 한 것일까. 나는 바람 불던 하퍼스 페리를 기억하기 위해, 가끔 내 아이들의 행복에 관한 질문을 던져보기 위해 작은 액자 하나를 샀다.

산속 마을에 저녁 어스름이 찾아오는 시각은 생각보다 빨랐다. 어디선가 저녁밥 짓는 연기가 솟아오를 것만 같은 풍경 속에 서 있으니 배가 고파졌다. 벽난로에 장작불이 지펴 있는 작은 레스토랑을 찾아 들어갔다. 철이 늦은 탓인지 손님은 우리 둘뿐이었다. 오래되어 보이는 테이블 위에 더 오래되어 보이는 은 스푼과 은 포크가 놓여 있었다. 우리는 주인이 권하는 대로 비프스튜를 시켰다. 장작을 아낌없이 던져 넣어 주는 주인 아저씨는 친절했고 굴참나무 타는 향기는 깊었으며 스튜 맛은 부드럽고도 따뜻했다.

레스토랑에서 밖으로 나왔을 때는 언덕 위의 성당도, 격자 유리창의 작은 가게들도, 강가의 백양나무 숲도 어둠에 묻혀 가고 있었다. 낯선 곳에서 만나는 어둠은 겨우 한나절 떠나온 집을 그립게 만들었다. 버지니아아 웨스트버지니아, 그리고 메릴랜드로 갈라지는 삼거리 이정표를 보니 갑자기 마음이 바빠지기까지 했다. 철교 밑 불빛 아래 하얀 포말을 일으키며 흘러가는 포토맥 강물을 내려다보니 마음이 애잔해졌다. 강물은 어두운 밤에도 쉬지 않고 흘러 어느 시점에선가 내가 사는 마을 곁을 지나 바다로 갈 것이다. 한나절도 안 되는 일탈에서 돌아오는 길, 멀리 반짝이는 것이 하늘에 떠 있는 별빛인지 드문드문 박혀 있는 집들의 불빛인지 아득해지며 나는 꿈결인 양 잠으로 빠져들었다.

어느 날 문득, 나의 지나온 길을 되돌아보니 너무 바쁘고 가파르게 달려왔다는 생각이 들었다. 눈도 머리도 흐려지고 있는 자신을 느끼며 자못 낙담이 되기도 했다. 좀 쉬어 가라는 몸의 권유로 알아듣고 가끔은 몸도 마음도 일에서 떠나 자유롭게 혼자서 흐르는 시간을 만들어 주어야겠다는 생각이 들었다. 매주 수요일 오후를 비워 두고 쉼표의 시간을 갖기 시작했다. 하퍼스 페리를 찾던 그 한나절의 시간이나 주방에 걸어 놓은 액자 속 밥풀만 한 데이지 꽃잎 몇 장처럼 쉼표란 그리 호사스럽지 않은 것으로도 충분히 찍을 수 있는 것이었다.

베토벤 곡 연주의 대가로 알려진 슈나벨에게 누군가가 연주 비법을 물었을 때 "나는 다른 사람보다 쉼표를 잘 연주할 뿐"이라고 대답했다고 한다. 음표와 음표 사이의 정지, 바로 그 침묵의 자리를 어떻게 둘 것인지에 따라 명곡이 결정된다면 그 쉼표의 자리를 어떻게 연주할 것인지에 따라 명연주자는 결정될 것이다. 거문고 같은 현악기의 줄은 끊어질 듯 팽팽한 상태에서 아름다운 소리를 내지만 오랫동안 그 상태로 조여놓고 있으면 종국에는 제소리를 잃게 된다고 한다. 선율에 쉼표가 없다면 그것은 소음에 불과할 것이다. 삶의 적당한 자리마다 쉼표를 찍을 수 있는 사람이야말로 현명한 사람, 참 행복을 아는 사람이 아닐까?

밤이 깊어 가고 있다. 십이월이 깊어 가고 있다. 밤 열두 시가 하루에 쉼표를 찍는 시간이라면 십이월은 태양 주위를 한 바퀴 돌아온 지구가 한해에 쉼표를 찍는 지점이 될 것이다. 건너편 자작나무들에 가려 있던 집들 몇 채에서도 불빛이 꺼진 지 오래인 밤, 온 집 안의 불을 차례대로 내리고 나만의 등불 하나를 켠다. 주방에선 아까부터 주전자에 차가 끓고 있다. 한평생을 교사로 산 아버지가 퇴직한 뒤 허전한 맘을 달래기 위해 산에 다니신 적이 있었다. 그때 손수 만들어 보내 주신 차이다. 찌고, 말리기를 아홉 번이나 되풀이한 다음 덖어서 만드셨다는 차를 아껴 간직했었다. 차에서는 은근한 산의 향기가 난다. 아버지는 멀리 하늘나라로 가신 지 다섯 해인데 차에서는 아직도 보푸라기 같은 머루 꽃을 피우고 달착지근하게 다래를 익혀주던 그 수더분한 산의 향기가 난다.

등불 밑에서 로버트 프로스트의 시 「눈 내리는 저녁 숲가에 멈춰 서서」를 다시 읽는다. 뉴햄프셔 농장에서 자연과 어우러져 살았던 그의 시는 서정적이고, 쉽고, 맑아서 좋다. 다시는 찾아오지 않을 오늘이라는 하루와 통째로 이별해야 하는 시간, 프로스트의 시 속에는 하염없이 눈이 내리고 창밖에는 먼 길을 달려온 밤바람 한줄기가 집 모퉁이의 측백나무 우듬지를 흔들고 있다. 사랑했던 아버지도, 자연을 노래했던 늙은 시인도 지상에 마침표를 찍어 놓고 별처럼 아득히 먼 곳에 계신데 차의 향기는, 시의 여운은 아련하게 남아 나의 하루에 쉼표를 찍어주고 있다. 주전자가 끓는, 십이월의 밤이 깊어 가고 있다.

빨래

 내 처음 꿈은 책방의 주인이었다. 그 꿈은 교사와 작가와 인테리어 디자이너를 거치며 변해 갔다. 그리고 지금 나는 그 꿈들과는 무관하게 워싱턴에서 세탁 사업을 하고 있다. 일요일과 법정공휴일 7일을 뺀 나머지 날들을 수많은 세탁물과 씨름하며 살고 있다.

 내가 처음 해본 빨래는 마루 걸레였다. 옆집에 살던 친구 봉순이를 흉내 내어 빨아본 것이다. 동생이 많았던 봉순이는 예닐곱 아주 어린 나이부터 집안일을 했다. 우리 집 앞에는 개울이 흐르고 있었다. 그 개울물에 봉순이가 빨래하고 있다는 건 서툰 방망이 소리로 알아챌 수 있었다. 심심해진 내가 슬며시 걸레를 들고 개울로 가면 으레 봉순이가 거기 작은 등을 구부리고 앉아 있었다. 호박잎에 싸들고 온 빨랫비누를 치대어 작은 손가락을 오무렸다 폈다 하면서 빨래를 했다. 개울물에 헹궈낸 걸레나 기저귀를 야물게 비틀어 짠 후 할

일 많은 봉순이는 다시 집으로 달음박질쳤다. 봉순이가 떠나 버린 개울엔 정적이 흘렀다. 소금쟁이 몇 마리가 재빠르게 수면을 딛고 지나가거나 푸른 달개비가 꽃잎을 접기도 했다. 나는 그 적막한 개울에 앉아 처음으로 외로움이란 감정을 맞닥뜨렸었다.

첫아기를 낳았던 뉴욕의 낡은 아파트에는 세탁기가 없었다. 나는 아기의 빨래를 공동세탁기에 넣고 싶지 않아 날마다 욕조에 쪼그리고 앉아 손빨래를 하면서 엄마가 되어 갔다. 손바닥만 하던 배냇저고리로부터 시작한 아이들의 빨랫감은 그들이 자라며 크기를 키워 갔다. 아이들이 대학으로 떠나면서 빨랫감은 줄어들었다. 잠시 내 곁에 돌아와 있던 딸아이는 이제 배우자를 만나 내 곁을 떠날 채비를 하고 있다. 나는 딸아이가 밖에서 보낸 시간이 고스란히 묻어 있는 빨랫감을 더는 만져보지 못할 것이다. 남은 식구들의 옷을 마루에 앉아 개키면서 그 아이의 부재를 느낄 것이다. 내 어머니도 그랬을 것이다. 빨래를 하며 떠난 딸의 빈자리를 느끼고 툼벙, 눈물도 몇 번 떨구셨을 것이다.

누구나의 고향 집 마당에는 빨랫줄이 매어 있었다. 좁은 방에 어깨를 붙이고 잠들던 식구들의 수수한 일상이 마당 한가득 빨래로 걸려 있던 풍경은 평화로웠다. 햇빛이 스미고 바람에 흔들리며 말라가던 그 빨래에서는 향기가 났다. 바람의 향기와 햇빛의 향기가 났다. 또한 누구나의 집 모퉁이 처마 밑에는 커다란 빗물받이 항아리가 하나 놓였었다. 그 빗물 항아리에 볕이 들면 구름이 쉬어 가고 어둠이 들면 별이 빠져 있기도 했다. 초가지붕을 타고 내려온 노란 빗물은 콩깍지나 지푸라기 혹은 메밀대 태운 재와 섞여 잿물이 되었다. 잿물로 삶은 빨래는 자배기에 담아 어머니의 잰걸음과 함께 개울가로 옮겨갔다. 넓적한 돌 위에 뜨거운 빨래를 올려놓고 박달나무 빨랫방망이로 두들기면 빨래는 하얗게 변해갔다. 개울물에 넣고 절레절레 흔들어 북북 문지르고 다시 절레절레 헹궈야 하는 빨래는 겨울이 오고 개울물이 얼어도 계속되었다. 어머니는 그 개울가에서 손마디가 닳고 가락지가 닳도록 빨래를 했다.

  삶아서 두드리고, 치대어 헹구고, 다시 비틀어 짜서 빨래하던 시절은 지나갔다. 빨아 주고, 두들겨 주고, 헹궈 주고, 삶아 주기까지 하는 세탁기가 출현하고부터 사람들의 수고로움은 줄어들었다. 그만큼 간직할 수 있는 추억도 줄어들었을 것이다. 바지랑대 높이 올려 빨래를 말리던 풍경은 이제 기억 속에나 걸려 있고 널어놓은 이불 홑청 사이로 드나들며 놀던 아이들의 웃음소리도 흔적 없다. 햇살이 고운 아침나절이면 동네 아낙들의 엇박자 방망이 소리가 들려왔었다. 그 어머니들이 부지깽이와 함께 말썽쟁이들을 향해 익살스레 휘두르며 훈육하던 도구가 있었으니 바로 빨랫방망이였다. 이제 쓸모가 없어진 그 빨랫방망이들은 다 어디로 갔을까. 푸르고 완강한 팔뚝을 가졌던 그 어머니들처럼 우리 곁에서 사라져 가고 있다.

몇 년 전, 한국 방문길에 그 봉순이가 암으로 세상을 떠났다는 이야기를 들었다. 소식을 듣고 제일 먼저 생각난 건 찰박찰박, 봉순이의 서툴던 방망이질 소리였다. 빨랫비누 담을 그릇 하나가 없어 호박잎에 싸들고 다니던 가난했던 봉순이를 생각하면 까닭 없는 미안함이 개울물처럼 가슴 한복판을 지나간다.

삶은 빨랫줄과도 같다. 한낮의 빨랫줄은 젖은 빨래의 무게를 견디며 끊어질 듯 팽팽한 시간을 살아낸다. 바지랑대가 나누어준 완만한 두 곡선의 힘으로 버티며 빨래가 가벼워지길 기다린다. 그러다 저녁이 되면 빨랫줄은 비어 버린다. 헐렁한 곡선으로 허공에 내걸린다. 빈 빨랫줄은 나이 든 사람과 같다. 가벼워진 존재는 풍경에서 쉽게 지워져 간다. 하지만 작은 새나 빗방울에게 앉을 자리를 내어줄 수 있는 건 빈 빨랫줄만이 할 수 있는 일일 것이다.

코로나가 점령해 버린 세상의 겨울 저녁, 창밖에는 물 먹은 하늘이 잔뜩 내려와 있다. 찬비라도 내릴 심산인가보다. 퇴근길이면 길게 줄을 서던 손님들의 발길은 반동강 나버렸다. 대부분의 손님들이 재택근무로 돌아섰고 줄어들지 않은 건 의사 가운과 침구류뿐이다. 봄, 가을로 심심찮게 들어오던 웨딩드레스도 올해는 몇 벌 들어오지 않았다. 줄줄이 걸려 있는 파티복과 테이블보를 밀치고 다니면서 다시 한 해가 가는구나 느끼던 연말 세탁소의 풍경을 다시 볼 수나 있으련지 모르겠다.

고마워해야 하는 걸까. 코로나는 내게 한가함이란 낯선 시간을 선물해 줬다. 어쩌면 나는 이 일에서 벗어날 날을 많이 기다렸던 것도 같다. 생각해 보면 이십몇 년 동안의 내 삶은 젖은 옷을 잔뜩 걸치고 있는 빨래줄처럼 무거웠다. 손님들이 내려놓고 간 숱한 주름을 펴주기 위해 내 일상은 주름 투성이였다. 매순간이 분주했고 뒤채었으며 때로는 지워지지 않는 불용성 얼룩들과 싸움을 벌여야 했다.

얼룩은 침전되기 전에 부드럽게 다루면 모두 지워진다. 강력하고 미세한 입자의 물을 분사해 주거나 그래도 남아 있는 얼룩은 약품을 써야 한다. 산성 얼룩에는 산성 약품이 알카리성 얼룩에는 알카리성 약품만이 그 얼룩을 지울 수 있다. 가끔은 그 어떤 약품에도 반응하지 않는 불용성 얼룩이 있다. 시간이 아주 오래 지난 얼룩이다. 삶에도 얼룩이 있다. 그것들이 가슴에 자리를 잡고 불용성 얼룩이 되기 전에 빨리 지워내야 한다. 부드럽게 다뤄 내보내야 한다.

어두워지기도 전에 고요해져 버린 세탁소에 앉아 나는 긴 생각에 잠긴다. 빨래란 무엇일까. 단지 구겨지고 때 묻었던 시간의 흔적을 지워 주는 일일까. 아직 오지 않은 날들을 향해 꿈을 꾸게 해주는 일일까. 어제라는 시간이 묻히고 온 얼룩을 지워 내고 내일이라는 시간을 향해 산뜻하게 나아갈 수 있도록 꿈을 다림질해 주는 일쯤으로 정리해 두는 건 어떨까. 이 일에 애착이 가는 것은 혹시 접게 될지도 모른다는 기우 때문일 것이다. 이제 와 생각하니 나는 책방의 주인도 교사도 디자이너도 되지 못했지만 꿈을 다리는 공장을 운영하고 있었던 셈인가 보다. 이 꿈공장이 지속될 건지 말 건지는 순전히 코로나라는 역병의 손에 달려 있다.

급기야 유리창 너머로 비가 흩뿌리기 시작한다. 나는 문득 빗소리 사이로 먼 기억 속의 어떤 소리를 들은 듯도 하다. 산기슭 푸작나무가 흔들리도록 두들기던 어머니의 방망이질 소리 같기도 하고 "비 온다. 빨래 걷어라." 그리운 어머니의 목소리 같기도 한 그 소리에 고개를 들어 등 뒤를 돌아본다.

빈
봉투

 사업이 기울어 접어야 했던 적이 있었다. 우리는 뉴욕에서 사업을 다시 시작하는 것을 포기하고 친척들이 있는 워싱턴으로 이주를 고민하게 되었다. 가난한 유학 생활부터 시작한 뉴욕은 아이들에겐 홈타운이고 우리 부부에게도 추억이 오롯한 땅이었기에 결정은 쉽지 않았다.

 이사하던 날 아침, 이삿짐 트럭의 뒤쪽에 식탁 의자들을 뒤집어 싣는 것을 마지막으로 모든 준비는 끝이 났다. 차가 떠나기 전 못내 아쉬웠던 나는 집 안을 한번 둘러보았다. 물건들이 빠져나간 실내는 적막했다. 아이들이 재잘거리며 자라던 거실도, 밤이면 뜰을 건너온 푸른 달빛이 베갯머리를 기웃거리던 침실도, 아직 덜 자란 막내에겐 가파르기만 했던 열 몇 개의 계단도 침묵 속에 가라앉아 있었다.

 아침 햇살이 비스듬한 각도로 창턱을 넘어서고 있는 집을 등지고 나오며 와락 눈물이 쏟아졌다. 차가 출발하자 뜰 한 구석에서 막 피어나기 시작하던 코스모스 연분홍 꽃잎들이 차례로 내 눈물에 풀어지며 멀어져 갔다. 어렵사리 구한 꽃씨를 심고 물 주어 꽃 피기를 기다렸었는데, 그들도 식구와 마찬가지였는데 두고 가야 하는 마음이 아팠다.

 워싱턴으로 오는 고속도로에서 지루해 하던 아이들은 서로 기댄 채 잠 속으로 빠져들었다. 친구들과 헤어지는 게 싫다고 도리질치던 아이들에게 미안한 마음이 들어 자꾸 뒷자리를 돌아보았다. 나는 울적한 마음을 달랠 겸 가방 안에서 성경을 꺼냈다. 무심코 펼쳐본 성경의 한가운데에 하얀 봉투가 하나 끼어 있었다. 앞뒤를 훑어보아도 누구라 이름을 남겨 놓지 않은 봉투 안에는 이별의 인사치고는 꽤 많은 양의 돈이 들어 있었다. 누굴까, 누구였을까. 나는 재빠르게 기억을 더듬기 시작했다.

 우리가 살던 동네에 한국인들이 늘어나면서 나는 현관문을 잠그지 않고 사는 날이 많았었다. 아이들 셋이 고만고만하여 번번이 문을 열어 주기도 힘들었지만 딴은 불쑥 찾아드는 사람들에 대한 반가움 때문이었다. 빼꼼히 문을 열고 나타나는 사람들이 좋았고 집이 비었을 땐 현관 안쪽 신발장 위나 계단 위에 놓고 가는 아직 따뜻한 온기의 음식들도 정겨웠다.

봉투의 주인은 이사 오기 전날 방문한 몇몇 지인 중 한 사람으로 짐작되었다. 나는 긴 생각에 잠겨 차창 밖으로 흘러가는 95번 도로변의 숲을 오래도록 바라보았다. 가을이 오고 있었다. 아직은 가지마다 잎사귀들을 단단히 붙잡고 있는 나무들이 푸른 강물처럼 내 귓전으로 흘러갔다. 소식 없이 오는 친구가 더 반갑듯이 누구라 말하지 않은 그 사람의 마음이 곱절로 뭉클하게 전해져 오는 순간이었다.

워싱턴으로 이사 온 지도 꼭 열두 해가 되고 있다. 나는 새벽에 떠오르는 해를 이마로 맞으며 출근하여 일몰이 되어서야 퇴근했다. 그런 일상을 지칠 줄도 모른 채 반복해 왔다. 사업은 안정 궤도에 올라 탄탄해졌고 아이들도 마디마디 훌쩍 커버려 한 아이는 뉴욕으로 돌아갔고 나머지는 내 곁에 있다. 그리고 계절은 다시 가을을 향하고 있다.

꽃이 피고 지는 데도 순서가 있고 별이 뜨고 지는 데도 차례가 있는 법이라 했던가. 나는 지금 서른아홉 해 빛나던 여자로서의 나이를 막 마감하는 중이다. 열다섯 살의 늦여름, 뒤란에 맨드라미와 봉숭아꽃이 피어 있던 그 무렵에 나는 초경을 치렀다. 엄마는 그날 저녁 밥솥의 가장자리에 흰 쌀을 넉넉히 안쳐 내게만 하얀 쌀밥을 소복하게 퍼주셨다. 그 저녁, 마당 끝에는 밥사발을 닮은 하얀 수국이 달처럼 피어 있었고 나는 어둠이 내린 뒤에도 한참이나 뒤란 장독대 옆에 가만히 앉아 있었던 것 같다.

　그 여름꽃 냄새처럼 비릿하고 아렸던 마음의 통증이 서른아홉 해 만에 다시 나를 찾아왔다. 나는 지금 그 열다섯 계집아이처럼 조금 슬프다. 흔들리는 이파리 하나에도, 떨어져 버린 꽃잎 한 장에도 자꾸 마음을 빼앗긴다. 밀떡에 맨드라미 꽃물을 들여 주시던 어머니도 그립고, 손톱에 꽃물을 들여 주시던 할머니도 생각난다. 삶은 고운 꽃물을 상상하며 무명실 감은 손가락의 아린 통증과 함께 한밤을 건너오는 일에 불과한 것인지도 모르거늘……. 마디마디 걱정은 깊고 밤이 길다 푸념했었다.

　완경이라는 말이 생겼다. 폐경이란 말의 닫힌 의미를 여성성의 완성으로 새롭게 바꾸어 표현하는 낱말 같다. 여성으로서의 남은 시간을 좀 더 따뜻한 여성성을 갖고 사물과 사람을 품어 사랑하며 살라는 뜻으로 여겨진다.

　책장을 정리하다 예전의 낡은 성경책을 발견했다. 시력이 떨어져 큰 활자의 새 책으로 바꾼 뒤 책장으로 밀려나 있던 성경을 펼치니 갈피에 여전히 그 빈 봉투가 들어 있다. 그 봉투를 끼워 두었던 분은 지금 캄보디아에 계시다. 가난한 어린이들을 돌보는 선교사가 되셨다. 우물이 없어 흙탕물을 마시고 사는 가난한 아이들 곁에서 생을 마무리하고 싶어 하신다.

생각하면 나는 많은 빚을 지며 살아왔다. 내겐 채워 돌려줘야 할 빈 봉투가 너무 많다는 이야기이다. 뒤란 양지바른 곳을 골라 부끄러운 빨래를 널어주시던 어머니로부터 시작하여 첫아이를 진통하는 긴 시간 내내 곁에 있어 주었던 어느 흑인 간호사도 잊지 못한다. 이사할 때마다 이웃해 살았던 많은 사람의 얼굴이 생각난다. 산골 아이의 손에도 작은 성경책을 선물해 주었던 기드온이라는 단체도 있었고, 배고픈 학교에 옥수수빵을 공급해 준 미국 정부도 있었다. 빚의 목록은 너무나 길지만 내 앞에 남아 있는 시간은 그 모든 빚을 갚고 살기에는 그리 충분치 않을지도 모른다.

나는 오래된 빈 봉투를 가방에 넣고 은행으로 가기 위해 집을 나선다. 가을은 낯선 이국 소녀가 얼굴을 비춰볼지도 모르는 그 우물 같은 표정으로 하늘 한복판까지 당도해 있다.

울프문(Wolf moon)

영하의 출근길, 신호등에 멈춰 건너편 숲을 보니 빈 나뭇가지들 사이에 새벽달이 걸려 있다. 일월의 보름달, 울프문이다. 눈에 갇힌 배고픈 늑대들이 한겨울의 보름달을 향해 울부짖는 소리를 듣고 북미 인디언들이 붙인 이름이라고 한다. 어젯밤 한 살짜리 손녀를 안고 창 너머로 올려다보던 그 달인데 밤사이 창백해져 있다. 해와의 거리가 멀어진 까닭이리라.

새벽의 같은 풍경 속으로 출근한 지 이십오 년이 넘어가고 있다. 늘 같은 방향에서 떠오르는 해를 만나고 숲을 지나 큰 길을 잠시 타다가 다시 작은 길로 빠진다. 같은 길에서 같은 사물과 풍경을 만나는데 그것들을 스치면서 드는 생각이 조금씩 변해가고 있다. 부유하듯 색을 터트리며 떠오르는 해를 보면 그 색을 잃어버리고야 말 일몰의 풍경이 겹쳐 떠오른다. 촘촘히 뚫고 나오는 싹의 오묘한 발아가 연두의 숲을 채우는 걸 바라보면서 동시에 그것들을 다 떨구고야 말 빈 숲의 정적이 미리 느껴진다. 물론 나이 탓이리라.

새벽의 텅 빈 상가 건물 주차장으로 들어선다. 불이 켜진 곳이라고는 코너에 있는 빵 가게와 우리 세탁공장뿐이다. 보일러실 연통에서 나오는 연기가 되직한 걸로 보아 이미 두어 탕 정도의 드라이머신이 돌아간 후인 것 같다.

공장 안으로 들어서니 직원들이 구석 원탁에 둘러앉아 아침을 먹고 있다. 플랜테인 튀김을 먹는 야렛과 루뻬는 멕시코 출신이다. 페루에서 온 휠로메나는 아침부터 빠차망카를 먹고 있다. 작은 키에 땅딸한 몸매, 지게 놓고도 A자를 모르는 영어 실력이지만 사는 데 큰 지장은 없어 보인다. 셔츠 다리는 일을 끝내고 나면 건물 청소를 하러 똥줄기가 빠지게 내빼는 뒷모습이 귀여운 친구다. 그들 중 유일한 남자인 호세는 아침을 먹는 둥 마는 둥 일어서더니 바지 다리기에 열중이다. 날쌘 그의 손끝으로 다려낸 바지에서 김이 난다.

처음 이 사업을 할 때 블라우스를 다리던 분은 한국 분이셨다. 며칠 전에 그분이 세상을 떠나셨다는 기별을 받았다. 오랫동안 세탁업을 하다 보니 가끔 단골손님과도 영원한 이별을 한다. 배우자에게 듣기도 하고 자식들이 찾아와 부모님의 세탁비를 지불하면서 정중하게 도네이션을 부탁하기도 한다. 직원이었던 분이, 그것도 힘든 다림질을 하시던 분이 세상과 작별하셨다는 소식은 마음을 무겁게 했다. 그분이 쓰시던 낡은 프레스 기계를 자꾸 쳐다보게 했다.

캐쥬얼화 되는 복장과 팬데믹 이후 라이프 스타일의 변화로 세탁업은 쇠락해 가고 있다. 한국인의 깔끔한 근성은 세탁업과 잘 맞았다. 다림질로 시작한 윗세대들의 기반이 경영으로 이어졌고 큰 도시의 많은 세탁소들은 한국인들이 하고 있다. 공장 뒤편 어딘가의 공간에서 먹고 자란 아기들도 있었다. 학교가 파하고 나면 그 자리에 작은 탁자 하나를 놓고 숙제하던 아이들은 이제 모두 성장했다. 미국의 공교육과 삶의 현장 교육을 함께 받고 자란 그들은 이제 이 나라의 튼튼한 주류 직업군으로 스며들고 있다. 유대인이나 이탈리아인들에게서 넘어온 이 사업은 이제 다른 민족에게 넘어갈 수순으로 보인다.

루뻬가 노래를 부른다. 말수가 없는 그녀의 원래 이름은 와다루뻬이다. 그녀가 노래를 부르기 시작하면 오후가 되었다는 뜻이다. 고된 노동의 지루함으로부터 해방되는 방법으로 그녀는 주술처럼 노래를 부른다. "새벽녘 날은 밝아오는데 나는 달리고 있었죠. 태양 빛이 물들기 시작하는 하늘 아래로. 태양이여, 내 모습 드러나지 않게 해다오. 이민국에 드러나지 않게 해다오. 어디로 가야 하나 어디로 가야 하나" 돈

데 보이로 시작한 그녀의 노래는 빠른 템포의 〈라 쿠카라차〉로 넘어간다. 생존력의 노래, 바퀴벌레라는 천시받는 존재를 통해 인간의 존엄성을 드러낸 역설의 노래 〈라 쿠카라차〉를 부르는 그녀의 손이 점차 빨라지고 있다.

옷의 얼룩과 구김을 없애주는 곳이 세탁소이다. 어제의 나쁜 흔적을 지우고 아직 오지 않은 내일을 향해 꿈꾸며 나갈 수 있도록 채비를 해주는 일을 하고 있다. 계절과 관계없이 뜨거운 열기 속에서 일을 한다. 사우나를 방불케 하는 환경 속에서도 누군가의 꿈을 다려주기 위해 뜨거운 다리미들이 움직인다.

불필요한 물질의 미립자가 섬유에 스며 들어가 만드는 것이 얼룩이다. 얼룩은 묻은 즉시 제거하는 것이 좋다. 부드럽게 다뤄야 사라진다. 대개의 얼룩은 씨실과 날실 사이로 미세하면서도 강한 물바람을 분사시켜 털어 낸다. 화학 세제를 바른 다음 가볍게 두들기며 달래서 제거하기도 한다. 어떤 세제에도 녹지 않고 섬유에 얽혀 들어가 한사코 빠지기를 거부하는 얼룩이 있다. 불용성 얼룩이라는 것이다. 사람들의 삶에도 가끔 얼룩이 생긴다. 그 얼룩이 침착해 자리를 잡기 전에 무언가 부드러운 대상으로 지워내야 한다. 사소한 얼룩도 지우지 못한 채 시간이 지나면 가장자리가 선명해지고 짙어져 불용성이 된다. 가슴 밑바닥으로 가라앉아 삶을 무겁게 만든다. 삶의 불용성 얼룩을 지울 수 있는 건 무엇일까. 섬유에서 얼룩을 빼는 방법처럼 사랑으로 용해시킨 다음 토닥여주는 포용만이 그 얼룩을 없앨 수 있으리라.

　오늘 밤에도 울프문은 다시 떠오를 것이다. 지상의 가난한 것들에게 자신의 온기를 나눠주고 사라질 것이다. 오래전 리오그란데강을 건너온 루뻬가 잠든 지붕 위에도, 아홉 식구가 한집에 사는 야렛네 지붕 위에도 그 달빛은 앉았다 갈 것이다. 달은 칠십이 다 된 어깨로도 누군가의 꿈을 다려주며 고단한 생을 사셨던 그분의 묘지 위에 오래 머물 것이다. 노오란 제 살을 다 풀어 담요처럼 덮어주고 한참을 앉았다 갈 것이다.

저녁 다섯 시

　창밖 공터에 어둠이 한 겹씩 내려앉고 있다. 어디선가 순식간에 나타난 참새 한 마리가 빈 풍경 속으로 내려앉는다. 하루 종일 움직임이 드문 시야로 찾아드는 작은 손님이 반가워 한 마리 새의 경쾌한 동선을 시선으로 쫓는다. 먹이를 찾느라 두 다리를 모아 총총총, 뛰어다니는 모습이 짧은 음표처럼 가볍다.

　가게 앞 공터는 건물과 건물 사이의 땅을 할애하여 직원이나 손님들이 쉴 곳으로 만들어 놓은 곳이다. 늘 사람들이 머물던 공간인데 지금은 빈 테이블과 의자들, 그리고 겨울 팬지 몇 포기가 풀죽은 채 피어 있을 뿐이다. 두말할 나위 없이 코로나 때문이다.

　코로나 이전의 공터 풍경은 지금과 사뭇 달랐다. 새벽부터 헬스장으로 운동하러 가는 사람들이 바쁘게 지나다녔다.

조간신문과 커피를 즐기는 사람들이 앉아 있었다. 건물 내의 직원들이 따로 또 같이 점심을 먹으며 가벼운 농담을 건네는 곳도 그곳이었다. 나도 가끔은 벤치에 앉아 해바라기를 했다. 공터가 가장 북적이는 건 햇빛이 수직으로 내려오기 시작하는 정오경이었다. 근처 하이스쿨의 점심시간이 시작되면서 수십 명의 학생들이 떼 지어 나와 점심을 먹는 장소였기 때문이다.

패스트푸드점에서 산 피자나 햄버거, 샌드위치 같은 걸 먹으며 소란스럽던 학생들이 떠나고 나면 공터엔 음식물 부스러기가 떨어져 있기 마련이다. 그 어수선한 자리로 시간차를 둘 것도 없이 날아드는 건 까마귀들이었다. 등이 반질거리는 까마귀들이 잔반 처리를 하는 동안 때로는 성질 급한 참새들이 차례를 못 참고 끼어들기도 했다. 까마귀들이 용서할 리 없다. 작은 침입자들을 향해 까마귀가 한 발로 으름장을 놓으면 눈치 빠른 참새들은 탁구공처럼 날아올랐다. 배를 불린 까마귀들이 기우뚱한 날갯짓으로 사라지고 나서야 공터는 참새들의 차지가 되었다.

참새들에게도 서열은 있다. 덩치가 조금 크고 강한 놈들은 피자 조각처럼 큼지막한 먹이를 차지하고 약한 놈들은 구석에서 부스러기나 쪼아 먹는다. 참새들이 퇴장할 때쯤이 되어서야 건물 주변을 청소하는 아저씨가 나타났다. 빗자루질을 아랑곳하지 않고 비켜 다니며 먹이에 집착하는 참새들은 그 날 지각한 놈들이 틀림없었다. 그것이 되풀이되는 공터의 일상이었다.

부산했던 풍경은 온데간데없어졌다. 겨울로 접어들자 햇빛마저 허름해졌고 공터에는 가끔 찾아오는 노숙자 한 명이 웅크리고 앉아 있다 가는 것이 전부이다. 학교는 문을 닫았고 라떼가 맛있던 커피 전문점과 테일러 샵도 간판을 내렸다. 다른 가게들도 문은 열려 있지만 찾는 이가 많지 않다. 새들도 좀처럼 날아들지 않는다.

지구 온난화로 병원균들이 따뜻한 온도에 적응하게 되면서 사람의 체온인 37도의 장벽을 넘어 사람에게 기생하기 쉬워졌다고 한다. 지구 온난화를 자처한 주범이 사람들이고 자연의 반격이 시작되었다는 사실은 초등학생들도 알고 있는 상식이 되었다. 코로나라는 병원균에 잠식당한 세상은 난장판이 되었다. 나의 일상도 마비되었다. 마음이 하루에도 몇 차례씩 요동을 친다. 반평생 가까이 몰입했던 사업체들이 내일을 기약할 수 없게 되었기 때문이다. 출구가 보이지 않는 세상, 내일이라는 시간을 가늠하거나 내다볼 수 없게 된 세상이 해를 넘겼다.

이런 세상을 살아오며 변한 게 있다면 터무니없이 멀리 세워 두던 나의 이정표를 오늘이라는 하루의 끝으로 옮겨온 것이다. 생각도 번민도 계획도 딱 하루치씩 하기로 했다. 오늘 하루에 내일이란 시간을 덧대지 않고 살아 보니 모든 사물과 사람에게 조금 더 친절할 수 있었다. 참새처럼, 풀씨를 찾아 하루를 유랑하는 그 새처럼 나도 남은 시간을 그렇게 가볍게 살 수 있기를 소원해 본다.

코로나 이후의 세상에서 변한 것이 많지만 그중에서 새소리의 변화에 대한 연구는 흥미로웠다. 도시가 봉쇄되고, 음의 풍경에서 인간이 떠나자 새소리가 한 톤 낮아지고 부드러워졌다는 연구 결과가 나왔다. 인간이 만든 소음 때문에 수컷 새들이 높은 음역대로 짝을 찾는 노래를 해야 했고 그로 인한 스트레스가 새들의 수명을 짧게 만들었다고 한다. 본디의 음역을 찾은 새들이 낮고 섬세한 소리로 노래하게 되었다니 사람은 설 자리를 몰라 헤메고 자연은 제자리 찾아가고 있는 셈이다. 한눈파는 사이 날아가 버린 아까 그 참새는 쉽사리 얻을 수 있던 먹이가 생각나 찾아왔을 것이다. 추위를 견디느라 털을 잔뜩 부풀리고 돌아다니던 그 참새는 어디로 갔을까. 지금쯤은 어딘가에서 배를 채우고 하룻밤 잠들 나뭇가지를 찾았을 것이다.

코로나에 점령당한 세상에도 봄은 올 것이다. 한 음 낮은 새들의 노래는 먼 숲으로 날아가 서로를 깨울 것이고 나무들은 언 몸을 열어 초록을 내놓을 것이다. 순서를 어기지 않고 찾아올 계절 앞에 우린 무엇을 해야 할까. 자연과의 화해를 위해 내가 할 일은 무엇일까.

멀어져 가는 오후와 다가오는 저녁 사이의 시간, 겨울 저녁 다섯 시가 되면 지구가 얼마나 빠르게 움직이는지 알 수 있다. 한 꺼풀씩 내려오던 어둠이 풍경 전체를 삼켜버리는 건 눈 깜짝할 사이다. 창밖의 풍경은 지워지고 심심해진 유리창이 거꾸로 가게 안의 나를 들여다보고 있다.

제2부

어두워진
다음에
보이는
것들

따스했던
것들

 어느 날 저녁, 퇴근해 돌아오니 고등학교에 다니는 막내의 방에 금붕어 어항이 하나 놓여 있었다. 학교 카니발에서 얻은 금붕어 다섯 마리를 차마 버릴 수가 없어 어항까지 사 들고 왔다는 것이다. 한 뼘 물속을 무한왕복하고 있는 금붕어들의 몸짓은 부드러웠다. 붕어를 키우기엔 너무 커버린 녀석이지만 그 뼈끔대는 작은 생명체를 통해, 아니 결국은 텅 비어버릴 어항을 통해 녀석이 배울 뭔가가 기대되어 나는 자꾸 그 방을 기웃거렸다.

 다음 날 아침, 일어나 보니 아이의 방에 일찌감치 불이 켜져 있다. 지난밤 사이에 한 마리가 죽었단다. 아이는 변덕스러운 봄밤에 급강하한 수온 때문일 거라며 하얗게 배를 드러내고 있는 금붕어를 들고 화장실로 갔다. 변기에 집어 넣더니 뒤처리는 내게 부탁한다. 차마 깜깜한 물속으로 내려보내는 일까지는 못 하겠다는 뜻이다. 겨우 하룻밤인데, 온라인 에서는 무지막지한 상대들과 죽고 죽이기의 게임을 잘도 하더니만 조그만 금붕어 한 마리의 죽음 앞에서 돌아서는 녀석의 뒷모습은 제법 쓸쓸해 보이기까지 했다.

 예상했던 대로 어항은 두 주 만에 텅 비어 버렸다. 녀석은 작고 약해 보이는 무녀리 금붕어를 격리시키며 먹이를 따로 주기도 했다. 반면 무녀리의 먹이에 달려들어 계속 빼앗아 먹어대는 금붕어의 볼록한 배가 터질 것 같다며 대책을 찾겠다고 인터넷을 뒤지기도 했다. 금붕어가 배를 하얗게 뒤집으며 떠오를 때마다 녀석은 작은 돌들을 꺼내어 다시 씻어주거나 생수까지 부어주며 관심을 기울였지만 결국에는 모두 죽고 말았다. 금붕어들은 황금빛 작은 지느러미를 부드럽게 흔들고 다니던 기억만을 남긴 채 녀석과의 짧은 인연을 그렇게 끝맺었다.

 우리들의 어린 날은 크고 작은 온기를 지닌 생명들이 아주 가까이에 있었다. 우리는 그 생명들과의 따뜻한 접촉을 통해, 혹은 아쉬운 이별을 통해 성장했다고 해도 과언이 아니다. 마당가에 꺾어다 심던 진달래 꽃가지에서부터 시작하여 하룻밤이면 날개를 접을 잠자리나 파들대는 풍뎅이, 검정 고무신 속의 소금쟁이나 붕어 몇 마리로 이어졌다. 또한 봄날이 되면 어김없이 학교 앞에서 팔던 노란 병아리들 앞에 쪼그리고 앉아 햇볕 아래 펼쳐 놓은 그 간질간질한 생명을 바라보며 성장했다.

몽클하고 따스한 병아리의 체온은 언제나 우리에게 유혹이었다. 손으로 쥐면 없어져 버릴 것 같은 부드러움 속으로 전해지던 생명의 경이감, 하지만 병아리에 대한 기억의 끝은 늘 안타까움뿐이었다. 아무리 애틋하게 돌보아주어도 가뭇없이 눈을 감아버리던 병아리에 대한 슬픈 기억이 있으면서도 우리는 번번이 병아리를 사 들고 왔다. 병아리의 울음소리는 어찌 그리 가냘프던지. 삐악삐악, 내가 기억하는 세상의 모든 소리 중에서 가장 간절한 것이 그 병아리 소리였던 것 같다. 그 소리는 교실까지도 쫓아오고 꿈속에서도 정수리를 콕콕 쪼아댔다.

선잠 깬 아침에 병아리 상자에 달려가서 확인하던 병아리의 노란 죽음은 또 얼마나 절망적이었는지 모른다. 어린 가슴을 천 길 낭떠러지로 떨어뜨리곤 했었다. 설상가상으로 그 옆에 남아 있던 한 마리마저 눈꺼풀을 자꾸 내리며 까무룩 졸고 있는 걸 마주쳤을 때의 낭패감이란 말해 무엇하리오. 안절부절못하며 병아리의 남은 의식을 깨워 보려 노력했지만 아무리 간절하게 흔들어 보아도 병아리는 그 몽클하게 잡히던 감각과 따스했던 체온의 기억만을 손끝에 남겨 두고 우리들의 곁을 떠나곤 했다.

병아리의 죽음을 꽃밭 한 모퉁이쯤에 묻어 주며 슬퍼했다. 하지만 어렸던 우리는 병아리를 묻은 그 자리 위로 빨간 칸나가 꽃잎을 채 열기도 전에 병아리를 키웠던 기억마저 잊어버리곤 했다. 그렇게 매년 봄날 삐악삐악, 귓전에 개나리 꽃잎 같은 울음소리를 남기고 떠난 병아리와의 작은 이별 앞에서 우리 마음의 키는 조금씩 자라고 있었으리라.

따스한 체온의 기억 중에 여남은 살만 되면 등짝에 업고 다니던 어린 동생의 체온만 한 게 또 어디 있을까. 바쁜 어른들을 논으로 밭으로 빼앗기고 나면 엉덩방아를 찧어대며 울어대는 간난 동생들에게 우리는 작은 등판을 내어 주어야 했다. 우리는 등에 동생을 업고도 고무줄놀이나 사방치기 같은 놀이를 했다. 언니가 팔짝팔짝 고무줄 위를 뛸 때마다 한 박자씩 느린 엇박자로 흔들리며 코방아를 찧던 동생의 머리통은 기억하는 것만으로도 미소가 지어진다. 참으로 정겨운 풍경이었다. 등짝을 코 범벅으로 만들어놓기도 하고 뜨끈한 오줌 세례를 퍼붓기도 하던 동생이 잠들면 포대기째 살살 내려놓으며 자유를 예감해 보지만 아뿔싸, 자유라는 것은 그렇게 쉽게 얻어지는 것이 아니었다. 으앙! 하고 깨버린 동생을 다시 둘러업던 기억, 하지만 성공적으로 동생이 떨어져 나간 다음에는 왜인지 모를 허전함이 등짝을 떠나지 않았다. 고물거리며 따스했던 동생의 체온이 거기 남아 있었기 때문이리라.

우리가 집이라고 느끼던 것들은 살아내야 하는 날들에 등짝을 밀어주며 힘을 실어주던 실체였는지도 모른다. 등에 붙어 있던 어린 동생의 따스한 체온을 기억하면 추억이 곱절로 행복해지듯이 오늘 우리가 짊어지고 있다고 생각하는 어깨의 무거운 짐은 언젠가는 풀어보게 될 행복한 기억의 보따리가 될지도 모른다.

살금살금 놀러 나가는 우리의 발뒤꿈치를 갸웃갸웃, 고갯짓하며 쫓아오던 닭들을 향해 발을 굴러 으름장을 놓던 기억도 있다. 밖에서 뛰어놀다 돌아오던 저녁나절에도 토끼장 속의 토끼를 잊지 않고 푸른 토끼풀을 한 움큼 뜯어오며 작은 생명들을 돌보고 거두는 법을 자연스레 배웠다. 누렁이가 살던 마루 밑의 빈자리나 학교 갔다 돌아와 마주친 빈 외양간, 여물구새 뒤집혀 있는 빈 돼지우리가 주던 예기치 않았던 슬픔은 컸다. 저녁밥을 굶을 만큼 허전하고 충격적인 슬픔이었다.

어느 시인인가 자신을 키운 건 팔 할이 바람이라 했던가. 생각하면 어린 우리를 키운 건 따스한 체온을 가지고 있던 그 생명들, 혹은 그 따스했던 생명들과의 이별이 아니었을까.

어두워진 다음에 보이는 것들

태풍이 찾아왔고 뒤이어 정전 사태가 일어났다. 이번에는 태풍이 쓸고 간 지역이 광범위해 일주일 이상을 기다려야 할 것 같다는 뉴스가 나왔다. 나는 이층보다 온도가 낮은 아래층 거실로 이부자리를 옮겼다. 찬 기운이 도는 마루 위에 누우니 더위는 그런대로 견딜 만했지만 쉽사리 잠이 오지 않았다.

수면을 방해하는 건 우습게도 낯선 정적이었다. 수면 중에도 들려오는 온갖 소음에는 익숙해져 있던 청각이 낯선 고요함에 예민하게 반응했다. 게다가 머릿속은 정전 사태가 오래 지속될 경우 부딪쳐야 할 여러 가지 난관으로 어수선해지기 시작했다. 걱정은 꼬리에 꼬리를 물고 늘어졌다.

얼마쯤 시간이 흘렀을까, 먼 데서 들리던 차 소리도 끊어지고 함께 고민하던 남편마저 잠이 들었는지 고른 숨소리가 들려왔다. 나는 억지로 끌어당기던 잠의 끈을 놓아버리고 눈을 떴다. 먼저 눈에 들어온 건 거실의 긴 창문으로 쏟아져 들어오는 희뿌연 하늘이었다. 거센 태풍을 몰고 왔던 하늘은 아무 일 없었다는 듯 고요했다. 다음으로 뒤뜰에 서 있는 측백나무들이 눈에 들어왔다. 몇 년 전에 폭설로 쓰러진 나무의 자리에 이가 빠져 있긴 하지만 나무들은 울타리의 키를 곱절이나 넘으며 무성히 자라고 있었다.

무심코 어둠 속에 검은 장승처럼 서 있는 나무들을 바라보다가 무언가 반짝이고 있는 게 감지되었다. 반딧불이였다. 어렸을 때 길가 바랭이나 강아지풀, 혹은 개울가의 돼지풀에도 흔하게 앉아 반짝이던 바로 그 반딧불이가 뒤뜰에 무리 지어 찾아와 있었다. 이 집에서 산 지 열두 해를 넘기고 있었는데 나는 어떻게 한 번도 밤의 뒤뜰을 바라보지 않은 채 살아왔을까. 나는 밤이 이슥하도록 마치 별 부스러기를 흩뿌려 놓은 것 같은 나무 위의 반딧불이를 바라보며 이런저런 생각에 잠겨 들었다.

시골집에 전기가 들어온 것은 내가 여남은 살 먹었던 때로 기억한다. 30촉쯤 되었을까, 그보다 더 낮았을까. 지금 생각하면 그리 밝지 않은 촉수의 전구였지만 그 빛은 눈을 찌를 만큼 강렬한 것이었다. 소켓에 붙은 스위치를 돌려 불을 켜고 끄는 시간을 관리하는 것은 할머니의 몫이었는데 웬만한 어둠이 찾아와서는 전등을 켜지 않았다. 초가의 안방과 마루와 사랑채에 대롱거리며 매달려 있던 전구들은 그냥 거기 매달려 있다는 것만으로도 마음을 밝히기에 충분했다.

살면서 사용하는 전기의 촉수는 높아만 갔다. 내 삶에 있어 추구하고 좇던 것들도 마찬가지였다. 멀리 보이는 진달래 꽃무더기가 더 탐스러워 보여 자꾸만 산속으로 들어가듯이 더 멀리, 더 반짝이는 것들을 잡기 위해 나는 항상 바쁘고 분주하게 살아왔던 것 같다.

하루이틀이 지나자 전기가 없는 생활에도 익숙해졌다. 일찌감치 저녁 설거지를 끝내 놓고 이부자리를 펴고 누우면 마음이 홀가분해지기까지 했다. 찬 마룻바닥에 누워 바라보는 하늘은 반딧불이가 지천이던 어릴 적의 시간 속으로 나를 데려가기도 했다. 모지랑숟가락으로 감자 껍질을 벗겨내던 어머니 곁에 앉아도 보고, 모깃불 옆 평상에 누워 논둑을 무너뜨릴 듯이 울어대던 개구리 소리를 들어보기도 했다. 전화를 걸어 노란 호박꽃에 반딧불이들을 잡아넣고 같이 놀던 남동생의 안부를 묻기도 하며 오랜만에 느리게 느리게 한여름 밤을 보냈다.

정전된 지 닷새째가 되던 날, 가게 한 곳에 전기가 들어왔다. 뒤늦게 구입해 계산대만 겨우 돌리던 자가발전기를 집으로 옮겨와 덱에 놓았다. 그날 밤 뒤뜰의 반딧불이는 흔적도 없이 다 날아가 버리고 말았다. 발전기가 내뿜는 고약한 매연 탓이었으리라 생각한다. 일생을 애벌레로 지내다 꽁무니에 빛을 달고 사는 시간이 보름 정도밖에 안 되는 그들은 우리집 뒤뜰을 떠나 어딘가 고요한 곳으로 이사를 했으리라.

전기가 들어온 것은 꼬박 일주일을 채운 다음이었다. 이부자리를 다시 침실로 옮기며 짧은 휴가가 끝난 것처럼 섭섭한 마음이 들었던 이유는 무엇이었을까. 전깃불을 밝힌 그 소란스러운 일상으로의 복귀가 짐짓 두려워졌기 때문이었을지도 모른다. 가장 긴 정전 사태를 겪으며 잃어버린 것은 많았지만 분명 얻은 것도 있었다. 어둠 속에 앉아 한가하게 나를 돌아보고 나는 어디쯤 와 있나 생각해 보는 시간이 그것이었다. 살면서 한 번씩 어둠을 맞닥뜨리는 일도 나쁘지 않은 것 같다. 어두워진 다음에 볼 수 있는 빛나는 것들이 있기 때문이다.

시력이 많이 약해졌다. 먼 곳을 바라보는 것도 가까운 곳을 바라보는 것도 시원치가 않다. 흐려진 시력 때문에 모든 풍경이 또렷하게 보이지 않는다. 이제는 모든 사물을 두루뭉술하게 바라볼 줄 알아야 하는 그런 나이가 되었다는 표시이리라. 혹은 세세하게, 낱낱이 들여다볼 이유가 있는 것들은 돋보기같이 따뜻한 시선으로 여과시켜 보라는 뜻일 것이다.

온 집 안의 불이 꺼진 늦은 밤, 뒤뜰로 찾아온 반딧불이를 바라보기 위해 가만가만 덱으로 나가본다. 하늘에는 이틀만치 이운 열이렛날의 달이 떠 있고 뒤뜰에는 생의 마지막 며칠을 향해 치열하게 날고 있는 반딧불이가 빛나고 있다.

진달래
연서

 봄이 오고 꽃이 피기 시작하면 그리워지는 꽃이 있다. 무심코 떠올려 보는 것만으로도 가슴에 뻐근한 통증이 지나가는 꽃이다. 고향이라는 단어와 동격의 그리움으로 생각나는 그 꽃의 이름은 진달래이다.

 건너다보이는 것이라고는 앞산이 전부였던 산골에서 나는 자랐다. 무채색의 풍경화와 같은 산골의 겨울은 춥고 적막하고 길었다. 고만고만한 능선을 거느리고 있던 앞산은 주름진 속내를 무심하게 내보이며 겨울을 견뎠다. 하루에 한 번씩 능선 너머로 넘어가는 해와 이따금 퍼붓는 눈발만이 그 풍경 속에서 유일하게 움직이는 존재들이었다.

 봄이 오면 산은 가슴팍의 허술하고 느슨했던 자리마다 진달래를 피워냈다. 진달래는 꽃이기 전에 색채였다. 빛이었다. 태어나 내가 처음으로 인지한 색상이었다. 나는 그 꽃에 이끌려 옷에서 진달래 냄새가 나도록 산속을 헤매고 다녔다.

습자지처럼 얇은 꽃잎을 가지고 있는 진달래는 햇빛에 그 속살이 투명하게 비추고 작은 바람에도 하늘거리는 꽃이었다. 보랏빛이라고 하기에는 살짝 모자라고 그렇다고 분홍색이라고 꼬집어 이름할 수도 없는 빛깔의 꽃이었다. 진달래는 잎사귀가 미지근한 초록의 움을 내놓기 전에 갈색의 메마른 가지 끝에서 피어났다. 산중에서 그 꽃을 마주하면 가슴이 두근거렸다. 꽃을 꺾어 들면 하나의 등불이 가슴으로 따라 들어오는 것 같았다. 진달래는 송이마다의 개별적 아름다움보다는 무리 지어 있을 때 더 아름다운 꽃이었다. 그래서 저만치 모여 있는 꽃 무더기에 이끌려 쫓아가 보면 좀 더 멀리 피어 있는 꽃 무더기가 다시 손짓했다.

 오십 년 전 한국의 산은 기름지지 않았다. 충청도 깊은 산골, 솔가리마저 땔감으로 긁어간 민둥산은 드문드문 키 작은 소나무나 참나무들이 차지하고 있었다. 진달래는 그 나무들 사이 반음지에서 피었다. 돌무더기 근처나 비탈진 기슭, 아슬아슬한 벼랑 끝에서도 뿌리를 뻗고 가지를 내놓았다. 아이들은 허기를 느끼면 진달래를 따 먹었다. 달착지근한 진달래 꽃잎을 먹으면 배고픔이 가라앉는 듯했다. 우리는 고운 꽃가지를 얻기 위해 자꾸만 산속으로 깊숙이 들어갔다. 산속으로 들어가다 보면 어느 순간 등이 서늘해지는 걸 느낀다. 산중에 저녁이 찾아오고 있다는 표시였다. 아이들은 그제야 자신들이 동네로부터 너무 멀리 떨어져 왔다는 사실을 눈치채고 불안해진다. 그때 누군가가 깊은 산에 출몰한다는 문둥이 이야기를 꺼내기라도 한다면 아이들은 신발이 벗겨지는 줄도 모르고 산 아래로 곤두박질치며 내달렸다.

할아버지가 볍씨를 불리는 항아리에 진달래를 담가 놓고 나머지는 마당 가 흙 속에 꽂아 놓았다. 놋대야 속 더운물에 손을 담그며 마당을 바라보면 도둑처럼 돌담을 넘어온 어둠이 이미 진달래를 삼키기 시작하고 있었다. 먼저 갈색 가지가 어둠에 스며들고 드문드문 허공에 떠 있던 진달래 꽃잎이 차례로 어둠에 묻혀 갔다. 대야 속 따뜻한 물에 손과 발을 담그면 산속에서 생긴 작은 생채기들이 따끔거려 왔다.

그밤, 잠자리에 누우면 먼 산에서 소쩍새 소리가 내려왔다. 고요를 가르며 소쩍, 소쩍, 쏘쩍쩍 울어댔다. 아주 슬픈 운율의 소리였다. 모든 게 모자라던 시절, 사람들은 그 소리를 솥적, 솥적, 솥적다 소리로 들으며 솥이 작아 굶어 죽은 며느리의 이야기를 만들어 내기도 했다.

아침에 일어나면 창호문에 붙은 쪽유리를 통해 진달래의 안부부터 확인했다. 진달래는 어김없이 얇은 꽃잎을 반쯤 접고 있거나 꽃술을 가린 채 꽃잎을 늘어뜨리고 있었다. 학교가 파하고 돌아와 보면 마당 가 그 자리에 진달래는 없었다. 예로부터 진달래는 허망한 꽃이라서 집 안에 들이는 게 아니라고 하시던 할아버지가 뽑아버린 것이다. 온산에 피어 있는 게 진달래이니 아쉽지도 않았다. 나는 다시 진달래를 찾아 산으로 갔을 것이다.

할아버지는 왜 진달래를 허망한 꽃이라고 하셨을까. 나에게는 걸음마를 배울 때쯤 해서 죽은 막내 고모가 하나 있었다고 했다. 어린 것들의 죽음이 빈번하던 시절, 할아버지는 온기 잃은 작은 주검을 손수 거두어 앞산에 묻었다. 거기가 어디쯤인지 알고 싶어 하는 할머니에게도 평생을 함구하고 사셨다. 그때가 초봄이었다고 하니 진달래와 무관치 않으리라. 아마도 그 산에 진달래가 흐드러져 있었을 것이다. 봉분을 만들 수 없었던 어린 무덤들은 산짐승들이 건드리지 못하도록 돌무더기를 쌓아두는 게 전부였다. 할아버지 가슴에는 평생 내려놓을 수 없는 돌무덤 하나가 얹혀 있었으리라. 지게 지고 오르내리던 산길, 혼자만이 기억하는 그 돌무덤 위에 아무도 몰래 진달래 한 가지쯤 꺾어 올려놓았을지도 모를 일이다. 사람도 꽃도 척박한 삶을 살아내야 했던 시절의 이야기이다.

출근길에 벚나무 아래를 스쳐 지난다. 봄비가 한번 지나가고 떨어진 흰 꽃잎들이 나무 밑에 도래멍석을 깔아 놓은 듯하다. 강변도로로 접어들자 온통 초록의 나무들 틈에 언뜻언뜻 박태기나무가 꽃을 피워 놓은 게 보인다. 초록과 분홍, 오래전 진달래 피어 있던 그 산의 빛깔과 닮아 있다.

  다시 찾아온 사월, 지금쯤 한국의 그 산에는 풍문처럼 진달래가 번지고 있을 것이다. 앞산에 차례로 묻힌 할아버지, 할머니, 아버지, 어머니의 무덤가에도, 애기 고모 돌무덤 근처에도 등불처럼 진달래가 피고 있을 것이다.

채송화 연가

　채송화 꽃씨를 훔쳐 온 적이 있었다. 자주 가던 화원에서였다. 계절이 가을로 치달을 무렵인데 여름내 누구에게도 선택되지 못했던 화분들이 한쪽 구석에서 시들어 가고 있었다. 그 속에서 채송화를 발견했다. 반가움이 와락 하고 달려들었다.

　채송화는 한해살이의 정해진 생명을 마무리하는 중이었다. 늦은 감이 있게 피워 놓은 몇 송이의 꽃빛이 참으로 고왔다. 꽃을 오므린 자리마다 도토리 모자 같은 씨앗 주머니가 달려 있었다. 손가락으로 건드리니 아주 작은 꽃씨들이 터져 나왔다. 나는 엉겁결에 까만 꽃씨들을 모아 주머니에 넣고는 잊어버렸다.

　이듬해 가을이 되어 무심코 손을 넣었던 스웨터 주머니에서 만져진 꽃씨들을 뒤뜰 흙 위에 털어 버렸다. 추운 계절이 지나고 봄이 찾아왔다. 뒤뜰에 나가보니 붉은빛을 띤 낯선 싹들이 무더기로 올라와 있는 게 보였다. 작은 나비 떼 같은 싹의 모양이 밥풀때기처럼 변할 때쯤에야 나는 그것들이 채송화임을 알아챌 수 있었다. 봄가을로 한 번씩 뒤뜰을 정리해 주는 업체에서 흙을 돋우어 준 까닭에 흙이불을 덮은 꽃씨들이 살아남을 수 있었던 것이다. 도톰한 줄기가 새의 발자국 같은 가지를 뻗더니 마침내 처음 만났을 때의 그 꽃빛을 고스란히 간직한 꽃들을 피워냈다. 이듬해도 또 그 이듬해도 꽃들은 씨앗을 터트려 저절로 꽃을 피워냈다. 올해도 채송화가 피었다.

채송화는 아주 오래된 기억의 꽃이다. 장독대 돌 틈이나 담장 밑에서 피던 그 꽃을 할머니는 뜸북꽃이라 부르시기도 했다. 뜸부기가 울 때쯤이 되면 핀다고 해서 붙여진 이름이라고 한다. 읍내로 이사한 뒤부터는 어머니의 채송화를 보며 자랐다. 어머니의 채송화는 어머니가 빨래를 마칠 시각쯤에 피어나곤 했다. 젖은 빨래가 무거워 부드러운 곡선을 그으며 늘어져 있던 빨랫줄 밑에서 피어났다. 톰방톰방, 빨래에서 떨어지는 물방울을 받아먹으며 피어났다.

채송화, 촌스러운 듯한 그 꽃잎을 자세히 들여다보고 있으면 내 유년의 마당 끝이 생각난다. 그 돌담 밑 꽃밭에서 여름마다 피고 지던 봉선화, 백일홍, 맨드라미, 분꽃이 떠오른다. 하이타이 거품이 구름처럼 부풀어 오르던 어머니의 빨래

함지박이 보인다. 샘가에 틀어 두었던 트랜지스터라디오가 생각난다. 아침마다 울려 퍼지던 클래식 음악 방송이 생각난다. 어머니의 푸르던 팔뚝이 생각난다.

발길이 드문 뒤뜰에서 자기들끼리 피었다가 지는 채송화가 아깝다는 생각이 들었다. 이미 꽃망울을 달기 시작한 채송화 몇 포기를 앞뜰로 옮겨 보았다. 새로운 땅에 뿌리를 잘 내리라고 흙을 꼭꼭 눌러주고 물도 듬뿍 뿌려 주었다. 아침에 일어나서도 채송화에게로 먼저 가보았다. 며칠이 지나고 채송화 줄기가 남김없이 사라져 버린 사건이 일어났다. 잘려 나간 줄기의 마디마다 하얀 수액이 상처처럼 맺혀 있었다. 사슴의 소행이었다. 울타리가 있는 뒤뜰은 꽃들에게는 안전지대였지만 앞뜰은 그렇지 못했던 것이다. 뿌리에 붙은 흙덩이까지 뒤집혀 있는 채송화 포기들이 가여웠다. 뒤뜰 제자리의 식구들과 같이 살았더라면 당하지 않아도 될 수난이었다.

현관 외등의 촉수를 더 올려놓고 사슴의 접근을 막아보려 했지만 허사였다. 한 차례 더 줄기를 뜯기는 사건이 생기고부터는 어두워지면 덮개를 덮어 주기로 했다. 깜빡하고 잊은 날에는 자다가도 놀라 일어나서 앞뜰로 나갔다. 덕분에 밤의 뜰에서 풀벌레 소리를 듣기도 하고 소나기를 만나기도 했으며 하루만치의 살이 오르고 있는 달을 목격할 수도 있었다.

뒤뜰의 채송화들은 무성하게 꽃을 피워 댔지만 앞뜰의 채송화는 가느다랗게 줄기만 웃자라 올릴 뿐 꽃을 피우지 못했다. 그 모습이 나고 자라던 땅을 떠나 낯선 땅으로 옮겨온 이민자의 모습과 같다는 생각이 들었다. 목만 길게 뽑아 올리며 자라는 채송화의 모습이 삶의 균형 없이 앞으로 내닫기만 했던 내 모습과 닮은 듯해 더 애착이 갔다. 과연 꽃을 피우기나 할 수 있을지 아침저녁으로 들여다보며 꽃의 기별을 기다렸다.

며칠 전 이른 아침에 물 조리개를 들고 앞뜰로 나가보니 옅은 햇살 속에서 채송화가 피고 있었다. 분홍과 하양, 주홍의 꽃들이 작은 연등처럼 제각기 빛깔로 피어나고 있었다. 작고 여린 꽃들이었다. 송이도 작고 꽃잎도 아주 얇았지만 내게는 귀하기만 한 꽃들이었다.

과거에 대한 기억 없이는 어떠한 아름다움도 없다고 한다. 내게 채송화가 더 특별한 이유는 먼 기억 저편에서 피고 졌던 여름꽃들에 대한 기억 때문일 것이다. 아버지의 탯줄과 나의 탯줄이 묻혔을 유년의 마당 끝에서 피어나던 그 꽃들 말이다. 흔하고 하찮았던 한해살이 꽃들이 햇볕을 향해 꼿꼿이 일어서던, 그 원초적 생명력을 보고 자란 까닭일 것이다. 나는 오늘 밤 그 오래된 기억의 삽화 위에 터무니없이 줄기만 키운 채송화 몇 포기를 그려 넣어 본다.

유난히도 더운 여름밤, 로시니의 〈현을 위한 소나타 3번〉

을 들으며 잠을 청해 본다. 오래전의 아침 마당에 울려 퍼지던 음악이 나를 채송화 피던 샘가로 데려간다. 그 샘가에 엎드려 엉덩이를 하늘로 향한 채 비누 거품을 묻히고 머리를 감는 소녀가 보인다. 꽃밭에 거꾸로 피어 있는 채송화들이 소녀를 어지럽게 한다. 놋대야 맑은 물속에 색색의 채송화 꽃잎들이 잔영으로 떠 있다. 그 출렁이는 꽃잎들 속에 머리칼을 담그며 어지럼증을 즐기는 한 소녀가 보인다. 한여름 밤이 깊어 가고 있다.

하룻밤
자고
나면

"하룻밤 자고 나면 엄마 보는 거지?" 비 내리는 금요일 저녁에 딸아이가 또 문자를 보내왔다. 번복하기 잘하는 엄마의 약속에 못을 박는 문자였다. 독감에 걸렸다고 했다. 열이 심하다고 했다. 아픈 끝에 한국 음식 먹고 싶어 김치찌개 끓이다가 잠들어 기숙사에 대소동을 일으켰다는 소식이 연달아 문자로 왔다. 연일 궂은비가 내리는 시월의 밤, 창밖은 우기에 젖어 있는데 내 마음도 따라 젖으며 잠을 뒤척이게 했다. 비 쏟아지는 덱에서 아이가 먹고 싶다는 치킨과 새우를 굽느라 우산 들고 서서 춥다는 시늉을 하는 남편에게 창을 통해 방금 도착한 문자를 보여 주고 김치찌개, 멸치볶음 등 매콤짭짤한 밑반찬을 마무리했다.

딸이 보낸 문자의 창을 닫으며 오랜만에 들어 보는 "하룻밤 자고 나면"이라는 말에 생각이 멎었다. 그간 잊고 살았던 한 줄의 말은 먼 기억 속의 장면들을 끌어당겼다. 그 말은 내가 어릴 적에 자주 듣던 말이었다. 배 아프면 배를 쓸어주며, 이마에 화롯불 같은 열이 날 때나 넘어져 생채기가 나도 어머니와 할머니의 처방전은 '하룻밤 자고 나면'이었다. 그리고 거짓말같이 하룻밤 자고 나면 아프던 배가 가라앉고 뜨겁던 이마가 식고 쓰라리던 팔꿈치 생채기에 딱지가 앉았다. "하룻밤 자고 나면 괜찮아진단다." 주술처럼 외우던 어른들의 혼잣소리를 들으며 잠이 들면 아침은 그렇게 날마다 작은 기적으로 찾아오곤 했다.

산으로 둘러싸인 그 동네엔 그 하룻밤 사이에 크는 것들도 많았다. 솔가리 불로 따스워진 아랫목에 자는 우리들의 키가 그랬고, 쳇다리 위에 걸터앉은 금 간 시루 속의 콩나물들이 그랬다. 보자기를 덮어 요술처럼 콩나물을 키우던 할머니는 봄에 내리는 비에게는 나물비라는 멋진 별명을 붙여 주시기도 했다. 나물비가 내리면 밤사이 산 밑이나 다랑이 논둑의 나물들은 손뼘을 넘게 자라고 씨앗에서 갓 깨어난 남새밭의 채소들은 나비처럼 잎을 내놓았다.

그 산동네에 시월이 깊어지면 작년에 왔다간 황아장수가 잊지 않고 찾아들었다. 할머니는 등이 휘이도록 큰 황아 상자를 지고 나타나는 황아장수에게 우리 집에서의 하룻밤 잠을 허락하곤 했다. 딱분, 연지, 머릿기름, 명주색실, 손거울, 골무, 쪽집개, 비녀……. 황아 상자 안에는 없는 게 없었다. 황아장수가 하룻밤 자고 일어나 하루치의 무게를 던 황아 상자를 어깨에 지고 떠난 자리에는 얼레빗 하나나 무명실 한 타래가 놓여 있었다. 시골집을 떠나 도회지에 살며 가끔 찾아가던 할머니는 언제나 내가 하룻밤만 더 자고 떠나기를 원하셨었다. 할머니의 간절한 하룻밤을 슬쩍 뿌리치고 온 일, 그 때늦은 후회를 느낄 즈음부터 내게 하룻밤의 기적은 찾아오지 않았던 것 같다. 말짱해지고, 거뜬해지고, 수그러들고, 잠잠해지는 하룻밤의 위력은 점점 내게서 멀어져 갔다.

아이들을 키우며 나도 그 '하룻밤' 처방전을 썼던 기억이 있다. 내 어릴 적 팔꿈치와 똑같은 자리에 난 아이의 생채기를 보면 그 처방전을 썼다. 열이 들끓는 아이에게도, 콜록이며 잠들지 못하는 아이에게도 그 처방전을 썼다. 아이들이 잠들기를 기다리며 기도하는 밤이면 내 어릴 적 하룻밤 자고 나면 찾아오던 기적들의 비밀은 어머니의 기도였음을 깨달았다. 가슴을 토닥거려주면서 '하룻밤 지나면 괜찮아진단다' 중얼거리다 보면 치유되고 달래지는 건 내 자신이기도 했다.

토요일 오후, 뉴욕으로 가는 고속도로는 비가 그쳐 있었고 나무들은 잎사귀들을 떨궈낼 준비를 서두르고 있었다. 저물녘에 도착하여 스산하게 하루해가 넘어가는 뉴욕의 빌딩 숲 모퉁이에서 기다리고 있던 딸을 만나는 일은 반갑고도 짠한 일이었다. 아이는 독감치레와 중간고사 준비로 수척해져 있었다. 마른 논에 물 들어가는 것과 자식 입에 밥 들어가는 것이 세상에서 제일 보기 좋은 모습이라 했던가. 아픈 끝에 찾아온 아이의 식욕은 어릴 적 사랑마루에서 고봉밥을 뚝딱 해치우던 상머슴 아저씨를 떠올리게 했다. 냉장고를 꾹꾹 눌러 한국 음식을 채워주고 아이와 헤어지는 기숙사 앞은 열두 시가 넘었는데도 대낮처럼 북적였다. 차가 떠나기를 기다리며 서 있는 딸아이를 손짓으로 밀어 넣으며 또 여지없이 눈물이 솟았다.

신혼 초부터 살며 오갔던 익숙한 강변도로를 다시 달려보며 잠들지 못하는 맨해튼을 바라보는 마음이 남달랐다. 딸아이가 어릴 때 나는 유모차에 아이를 싣고 박물관이며 화랑가를 자주 갔었다. 방싯대며 웃기를 잘해 지나는 사람들이 허리 숙여 볼을 만져 보게 만들었던 아이는 자라서 아이의 고향인 뉴욕으로 돌아갔다. 아이는 성냥갑 같은 빌딩 속 한 칸방을 차지했고 내 가슴은 반복해도 쓰리기만 한 이별의 이유들이 차지했다. 꼭대기까지 불을 밝힌 빌딩들이 하늘을 긁어대듯 서 있는 맨해튼을 벗어나 하이웨이로 들어설 때쯤 아이는 밤길을 달릴 부모를 걱정하며 밤새워 에세이를 써야 한다는 문자를 보내왔다. 밤에 자는 잠이 보약이라며 잠을 채근해 보는 문자를 답으로 보냈다. 아이가 그 문자를 해독하기까지는 천날 밤, 아니 만날 밤이 지나야 할지도 모른다.

차에 가속도가 붙기 시작하면서 피곤이 몰려왔다. 산으로 둘러싸여 하늘이 잔칫집 채알만 하던 동네가 생각났다. 뭇 별들이 그 하늘에 고여 밤을 지새우던 산동네가 감은 눈가로 찾아왔다. 내 이마에 열이 오르면 할머니는 나를 사랑채로 데리고 가셨다. 밤새 잠들지 않고 내 이마에 손을 얹어보시며 "하룻밤 지나면 괜찮아진단다." 혼잣말을 하던 할머니는 그밤 윗목 콩나물시루에도 물을 주셨다. 자배기 안의 쪽박에 물을 담아 콩나물시루에 부으면 조르르 조르르르, 노오란 콩나물을 타고 내려오던 물소리가 내 잠 속으로 흘러들었다. 그리고 그 밤이 지나고 나면 거짓말처럼 내 이마의 열은 식었다. 아픈 끝에 먹고 싶은 것들의 이름을 종알거리며 할머니를 따라다니면 할머니는 또 요술처럼 맛있는 음식을 만들어 주셨다. 그 요술쟁이 할머니가 그리워지는 밤, 하이웨이를 달리는 내 이마가 뜨거워지기 시작했고 나는 신열을 내며 며칠 앓아눕고 말았다.

개밥바라기별

　눈 위에 서리가 덮인다는 뜻인 설상가상의 세상에 갇혀 있는 동안 할 수 있는 일이라곤 창에 붙어 서서 눈에 휩쓸리는 바깥 풍경을 지켜보는 일뿐이었다. 급기야 눈을 무겁게 이고 있던 뒷집의 전나무가 울타리를 넘어 우리 집 데크를 부수며 쓰러졌다. 밑동 째 넘어져 푸우 푸우, 남은 숨을 내쉬고 있는 그 성성한 나무의 주검 위로도 눈은 계속 퍼부었다.

　한밤중 잠 속에서 낯선 정적이 느껴졌다. 반사적으로 눈을 뜨니 정전이다. 모두가 잠든 밤에도 대기 모드로 혹은 작동 중이라는 작은 불빛으로 존재감을 알리던 전기가 흔적없이 사라졌다. 집 안은 폭설에 덮인 밖의 세상처럼 마비 상태로 변해 갔다. 스산하게 식어 가는 실내 공기 속에 습관적으로 빈 스위치를 올려 보는 식구들, 하지만 집을 나간 전기는 이틀간이나 돌아오지 않았다.

내가 열한 살 되던 해에 우리 동네에 전기가 들어왔다. 팟, 하고 눈을 찌를 것만 같이 생경스럽던 그 빛의 기억이 잊히지 않는다. 늘 새로운 것의 출현은 옛것을 뒷전으로 밀어 놓는 법이다. 오랫동안 안방을 차지했던 사기 등잔은 툇마루 밑으로 밀려났다. 그리고 사람들은 그 등잔불이 침침한 빛이었다고 기억하기 시작했다.

나는 그 등잔불을 좋아했다. 밤이 오고 어두워진 방 안에 등잔을 밝히면 어둠은 적당한 간격으로 물러났다. 시렁 아래 윗목으로 비켜 앉은 그 어둠이 함께 있어 더욱 아늑했던 밤이 나는 좋았다. 그 불 밑에서 표지가 닳고 내용도 다 외워버린 동화책을 읽고 또 읽으며 하얀 신작로 끝 어디쯤에 있을, 가보지 못한 세상을 동경해 보기도 했다. 그것도 심드렁해지면 동생과 같이 그림자놀이를 했다. 등잔불과 바람벽 사이에 손가락을 넣어 토끼도 만들고 강아지도 만들던 밤, 두 살 아래 남동생은 여우와 늑대를 만들어 덤벼들고 아랫뜸의 누렁이는 내 편이 되어 컹컹 짖어주었다.

시골집 울안에는 수국 나무가 많았다. 사람들은 고봉 밥사발처럼 탐스럽게 피는 꽃을 사발꽃이라고도 불렀다. 하얗게 피기 시작해 파랗게 혹은 분홍빛으로 색깔을 바꿔가며 사발꽃이 피면 마루 끝에 남포등을 달지 않아도 우리 집 마당이 환해졌다.

할아버지는 오일장이 서면 됫박으로 재어 파는 석유를 사 오셨다. 졸금졸금 석유를 채운 다음 지푸라기로 말갛게 닦은 유리를 끼고 삿갓 뚜껑을 덮어 불을 붙이면 남포등은 다소곳 하게 빛을 밝혔다. 전기가 들어오자 남포등은 삼십 촉짜리 알전구에 밀려 그 자리를 내어 주었다. 서양에서 건너온 램 프를 잘못 발음해 우리말로 굳어진 남포등, 그 남포등이 들 어오기 이전에는 등롱이나 초롱을 사용했다. 할머니 따라 밤 마실을 갈 때면 내가 제일 앞서고 할머니 손에 들린 초롱이 뒤를 서고 그다음으로 할머니가 따라오셨다.

  남포등이 늦도록 켜지는 날은 집안에 대소사가 있는 날이 었다. 와릉따릉- 탈곡기 돌아가는 소리가 시끄럽던 풋바심 날이나 고모가 시집가고 막냇삼촌이 장가가던 날이면 남포 등이 밤새 켜졌다. 동네에 대소사를 치르는 집이 생기면 제 일 먼저 준비하는 것이 며칠간의 밤을 밝힐 불빛을 모으는 일이었다. 마을 사람들이 빛과 일손을 보태어 대소사를 치른 주인은 답례로 얼마간의 돈을 내놓았다. 초롱계의 기금이 된 그 돈은 한여름 장마에 떠내려간 다릿목을 다시 세우고 상여 같은 걸 보수하는 데 쓰였다. 전기가 들어오고 마루 끝에서 남포등이 사라진 동네엔 초롱계의 따뜻한 명맥도 끊어졌다. 초롱을 들고 오시던 무명 치마 할머니들마저 모두 떠나신 지 금, 내 기억 속의 그 동네엔 아직도 마루 끝에 걸린 남포등

하나가 까무룩 불을 밝히고 있다.

저녁이 되자 눈이 멈췄다. 세상은 적막했다. 들리는 것이라곤 깃들 곳 없어 안타까워진 새소리가 전부였다. 처음 정전을 느꼈을 때 찾아왔던 마음의 소요도 시간이 지나자 조금씩 가라앉았다. 정전으로 컴퓨터가 먹통이 되어 좌불안석인 아이들을 데리고 눈을 치우러 나갔다. 폭설이 끝난 하늘엔 거짓말처럼 별들이 떠 있었다. 내 어릴 적의 동네에 내려와 미루나무 우듬지 끝에 매달려 놀기도 하던 바로 그 별들이었다. 급변하는 세상에서 변하지 않는 건 하늘의 별들뿐이라는 생각이 들었다.

고개를 들어 바라본 하늘에 초저녁이면 유난히 밝게 뜨는 개밥바라기별이 제일 먼저 눈에 들어왔다. 허기진 개가 밭에 나간 주인이 돌아와 저녁밥 주기를 바라는 시간쯤에 뜨는 별이라 하여 개밥바라기별이라고 부르던 그 별이 거기 그대로 떠 있었다.

사람들은 별의 위치로 풍년과 흉년을 점치기도 했다. 달을 밥광주리로, 뿌연 구름 떼 같은 좀생이별들을 아이들로 비유하여 겨울 하늘에 달과 좀생이별의 간격이 멀면 다음 해에 풍년이 온다고 믿었다. 반면 가까우면 흉년이 온다고 믿었다. 밥광주리에는 관심이 없이 멀찌감치 떨어져 가는 배부른 아이들과 밥광주리에 바짝 붙어 따라가는 배고픈 아이들을 상상한 발상이 재미있다. 배부르게 먹을 수 있는 따뜻한 밥이 화두였던 시절, 사람들은 그렇게 별에게 길을 묻고 달에게 내일을 약속받으며 자연을 의지해 살아갔다. 느리고 가난했으나 행복했던 시절이었다.

세상은 변했다. 밝고 빠르고 편리해졌다. 온종일 백 리도 가지 못하던 사람들이 이제는 같은 하루해에 지구의 반대편에 가서 저녁을 먹는다. 그 모든 속도의 뒷전에는 훼손당하는 자연이 있다. 몸살을 앓는 지구가 있다. 마침내 열병을 앓던 지구가 스스로 제 몸의 온도를 낮추는 방법으로 선택한 것이 폭설이나 폭우, 혹은 폭염이다. 북극에 잘 보관되어 있어야 할 한기를 담은 주머니가 감당하지 못하고 터져 버려 폭설이 된 것이다. 우리는 폭설로 뒤덮인 세상이 전하는 메시지를 잘 읽어봐야 하지 않을까. 나만의 컵을 사용한다거나 쓰지 않는 플러그를 뽑아 놓고, 실내 온도를 1도씩만 조절해 놓는 정도의 일은 어렵지 않을 것이다. 그 작은 실천에 나무들이 살고 전기 소비가 줄며 탄소 발자국이 지워질 것이다.

"저것은 개밥바라기별이란다. 같은 별이지만 새벽에 뜨면 샛별이라고 부르지. 부지런한 사람만이 볼 수 있는 별이란다. 저기 뽀얗게 뭉쳐 있는 좀생이별들처럼 너희들도 정답게 살아라." 가끔은 하늘을 보자. 거기 떠 있는 별들의 안부를 물으며 밝고 빠른 세상의 빛에 시선을 빼앗겨버린 아이들에게 몇 개의 별자리쯤은 일러주자. 먼 훗날 혹시 삶의 방향을 잃을지도 모르는 아이들이 문득 올려다본 하늘에서 찾아낸 별 이름 하나가 어떤 보석보다 더 값진 역할을 할지도 모르는 까닭이다.

괜찮아 괜찮아 톡톡

　폭설이 잦았던 어느 해 겨울, 뒷집의 나무들이 울타리를 넘어 우리 쪽으로 쓰러진 사건이 발생했었다. 두 집 사이에는 측백나무가 여남은 그루 넘게 서 있었는데 가운데 부분에서 나란히 어깨를 걸고 있던 두 그루의 나무가 간발의 차이로 같이 쓰러졌다. 나무들은 울타리를 부수고 뒷뜰을 지나 덱까지 길게 넘어왔다. 쓰러진 나무 위로도 연일 눈은 무섭게 퍼부어 댔다. 나무를 치워줄 회사에 연락했지만 도로변이라던가 타운의 여기저기에 넘어진 나무들이 많아서 한참 후에야 예약이 되었다. 나무의 소유주는 뒷집이었지만 자연재해로 입은 손상이기에 부숴진 울타리도 쓰러진 나무도 우리 몫의 일이었다. 갓 스물을 넘긴 성성한 나무에 전기톱이 닿는 소리는 뒷뜰의 나무들을 파르르, 긴장에 떨게 했다. 무엇보다 걱정은 그 나무들에게 깔려버린 어린 박태기나무 한 그

루였다. 측백나무를 치워내자 박태기나무가 나타났다. 한쪽 어깻죽지의 가지들이 몽땅 부러져 나가 있었다.

나란히 서서 나눌 것은 나누어 주고 가릴 것은 또 적당히 가려 주던 나무들이 떠난 자리는 텅 비어 버렸다. 그 공간에서 얼굴도 모른 채 살고 있던 두 집의 주인들이 만나 인사를 나눴다. 뒷집에는 초로의 독일인 노부부가 살고 있었다. 뒷집이 먼저 지어진 까닭에 그분들은 원래 숲이었던 우리 집터의 풍광에 반해 집을 샀었노라 했다. 어느 집 자리인들 처음엔 숲이 아니었을까. 인구밀도가 높아지고 집들을 마구 지어대면서 이제 새로 짓는 집의 뒷풍광에서 숲을 볼 수 있는 일은 점점 어려워지고 있다.

먼 타국에서 아이들이 태어났다는 소식을 전할 때마다 어머님은 전화기를 아기 숨결에 바짝 대어보라 하셨다. 나는 억지로 울리거나 젖 먹이는 소리라도 들려주려고 애를 써보기도 했다. 어머님이 정작 미국에 오셨을 때는 아이들이 훌쩍 자라 사춘기를 관통하고 있는 시기였다. 어머님은 처음 만난 순간부터 아이들의 등을 톡톡, 톡톡톡톡, 길게 토닥여 주셨다. 밥 먹고 있는 아이들의 등 뒤로 가서, 계단을 오르내리다 마주쳐도 말없이 등을 토닥이셨다. 그 토닥임은 함축된 언어 같았다. 말로는 다 나열할 수 없는 어머님만의 언어였다. 우리 부부가 아이들을 혼낼 일이 있어 나무라기라도 한 끝이면 얼른 쫓아가서 등을 다독이며 "괜찮아 괜찮아"를 비밀처럼 속닥이셨다.

비자가 만료되어 떠나야 했던 어머님은 우리에게 나무 한 그루를 선물하고 싶어 하셨다. 지병 때문에 몇 발자국만 움직여도 숨이 가빠왔지만 오랜 시간 화원의 묘목 사이를 서성이셨다. 그리고 이제 막 연보라 꽃망울을 맺기 시작한 박태기나무 하나를 고르셨다. 어머님은 식구들의 식탁과 마주 보이는 곳에 나무를 심고 싶어 하셨다. 곱절이나 키가 큰 뒷집의 측백나무들이 그늘을 만드는 곳이라 망설여졌지만 그렇게라도 우리를 지켜보시고 싶어 하시는 어머님의 마음을 느끼고 그 자리에 나무를 심었다. 나무는 쭈뼛거리며 끼어들어 낯설어 했지만 이내 다른 나무들과 섞여 잘 자랐다. 해마다 삼월 말이 되면 하룻밤 날잡아 한꺼번에 꽃을 피워낸 듯 갑자기 뒷뜰이 환해졌다. "어, 할머니나무 꽃 폈네" 누군가가 먼저 바라보고 말을 하면 우리들은 일제히 나무를 바라보며 봄을 맞았다.

누구에게나 나무에 대한 추억이 있을 것이다. 유년기를 지낸 옛집의 풍경 속에는 감나무나 대추나무처럼 수수하고 흔한 나무들이 서 있었다. 대개의 학교들은 오르막길에 측백나무를 나란하게 키우고 있거나 벤치가 놓여 있던 교정 한구석에 수수꽃다리 하나 정도는 품고 있었다. 수줍은 첫사랑과 함께 밟았던 한여름 밤의 플라타나스 그림자는 서로의 안부를 모르는 사이가 되었어도 여전히 가슴속 가로등불 밑에서 흔들리고 있다. 도심의 좁은 양옥집 한켠에도, 아파트 군락에도 상징처럼 한두 그루의 나무는 서 있기 마련이다. 그리고 그 집들을 떠올리면 나무가 먼저 손을 흔든다.

추억할 수 있는 나무들이 많은 사람은 행복하다. 나도 그 행복한 사람 중의 하나이다. 펌프샘 위에 그늘막을 만들어 주던 청포도 나무를 시작으로 머리 감으며 쓰라린 비누 거품을 씻으러 얼굴을 돌리면 눈 마주치며 하얗게 웃어주던 수국나무가 있었다. 석류나무도 한 그루 있었고 뒤란에는 감나무가 두 그루, 감나무 뒤쪽으로는 바람에 파도 소리를 내던 대나무들이 숲을 이루고 있었다. 대숲 옆 텃밭 가장자리에 서 있던 밤나무는 초여름 밤에는 진한 밤꽃 향을 집의 허리께로 내려보내고 가을에는 빼곡한 대나무들 사이로 알밤을 떨어트려 주느라 투두둑 투둑 소리가 났다.

대문간을 나서면 개복사나무와 늦봄이 되어서야 연둣빛 작은 잎을 내놓던 대추나무도 있었고 개울 지나 저수지 가는 길에는 하얀 싸리나무 군락도 있었다. 비탈밭 둔덕에는 가지마다 꽃핀처럼 다닥다닥 꽃을 매달던 고욤나무가 있었다. 마실 가는 할머니를 따라나선 밤길에 두둑, 못생긴 열매를 떨어트리던 모과나무의 검은 그림자는 조금 무서웠다.

어느 마을이든 초입에는 느티나무가 하나씩 서 있었다. 나무에는 뛰어노는 어린것들의 숨결과 고된 어른들의 체온이 깃들어 있었다. 나무는 불확실한 미래로의 꿈을 향해 떠나는 젊은이들의 뒷모습을 말없이 지켜보기도 했다. 그리고 훗날 그들이 다시 돌아가고 싶어 하는 고향의 따뜻한 풍경 속에는 늘 그 나무가 언제든 돌아오라며 두 팔 벌리고 서 있다.

내가 기억하는 많은 나무 중에서 할머니와 함께 떠오르는 오동나무가 한 그루 있다. 연보랏빛 통꽃을 잎사귀 밑으로 조르르 숨겨 피우던 오동나무는 집 모퉁이의 뒷간 옆에 서 있었다. 밤이 오면 달빛이 넓은 오동나무 잎사귀 위에서 미끄럼을 타기도 했다. 할아버지는 가끔 오동나무의 커다란 잎사귀 서너 장을 따내어 뒷간에 던져 넣었다. 구더기도 덜 끓고 냄새도 덜 나게 하는 효과가 있다고 했다. 뭘 잘못 먹었는지 배탈이 난 한밤중에 뒷간에 가고 싶어지면 오동나무의 시커먼 그림자가 먼저 떠오르며 무서웠다. 그런 밤이면 늘 사랑채의 할머니를 불렀다. 뒷간 문을 열어놓은 채 할머니까지 보초를 세워 뒀지만 밤의 그곳은 무섭기만 했다. 나는 자꾸 할머니의 존재를 확인하느라 할머니를 불러댔다. "할머니, 거기 있지? 가지 마. 가면 안 돼." 선하품을 하시느라 대답이 늦어지면 와락 겁이 났다. 때마침 대숲을 지나가는 바람에 쏴아 쏴아 댓잎 쏠리는 소리가 들리면 엉덩이에 좁쌀만씩 한 소름이 돋았다. "할머니, 노래 불러봐. 빨리이……." 할머니를 확인할 기발한 방법을 생각해낸 손주가 어이없다 생각하셨는지 할머니는 웃음 섞고 하품 섞어 긴 노랫가락을 늘어놓으셨다.

내 추억 속의 나무들은 이제 거기 없을지도 모른다. 딸을 낳으면 오동나무를 심었다던 이야기는 뒷간에 출몰한다는 몽당 귀신과 함께 사라진 지 오래이다. 돌배나무나 개복숭아, 고욤나무 같은 것들도 사라진 지 오래다. 계절에 관계없이 과일이 넘쳐나는 세상에서 굳이 나무 꼭대기의 풋과일을 올려다보며 목젖 떨어지는 아이들도 없어졌다. 댓잎소리 스산하던 밤의 뒷간에서 나를 지켜주던 할머니, 할머니는 이후로도 어둡고 후미진 내 삶의 구비마다 나를 따라오셨다. 지켜주셨다. 단조의 느린 가락으로, 따뜻한 기척으로 내 겨드랑이에 손을 넣으시고 때때마다 나를 일으키셨다.

내가 오동나무와 함께 할머니를 기억하듯이, 내 아이들에게도 마음속에 세워둘 나무가 한 그루쯤 있으면 좋겠다. 그 나무가 폭설에 반쪽 몸뚱이를 잃었지만 기우뚱하게 버티고 서서 해마다 꽃잎을 내놓는 저 박태기나무라면 좋겠다. 나무는 꽃을 먼저 피우고 꽃이 진 자리마다 하트 모양의 이파리를 매단다. 떨어진 꽃들처럼 어머님은 다시 만날 수 없는 세상으로 가셨다. 아이들의 삶에도 넘어지고 쓰러지는 날들은 찾아올 것이다. 희망의 낱말이 생각나지 않는 어느 어두운 저녁, 그들이 박태기나무의 이파리에 써 보내는 할머니의 문자를 읽어볼 수 있다면 좋겠다. '바람 불어도 괜찮아, 어두워져도 괜찮아, 해가 졌다고 울면 눈물 때문에 별을 볼 수 없단다, 모든 것은 지나간단다, 괜찮아진단다.' 할머니가 보내는 삶의 농축어를 해독하고 그 밤 단잠에 들 수 있다면 좋겠다. '괜찮아 괜찮아 톡톡'

그
산에
내리던
눈

 날이 어둡기도 전인데 온 가족이 집으로 돌아왔다. 폭설주의보가 현실이 되었고 급기야 그칠 줄 모르고 내리는 눈송이들이 천지를 장악해 가고 있기 때문이다. 집 앞의 나무들은 온전할까. 전기가 나가지는 않을까. 가게들은 며칠이나 문을 닫아야 할까. 그 손실은 또 얼마나 클까. 염려되는 가운데 오랜만에 함께하는 식구들과의 작은 평화를 즐기기 위해 나는 일찌감치 저녁 식탁을 차린다.

 사람들에겐 자연재해라든가 큰 위험을 맞닥뜨리면 서둘러 집으로 찾아드는 본능이 있는 것 같다. 그것은 어머니의 자궁에 있을 때부터 무의식 속에 형성된 현상이라고 한다. 어머니의 자궁을 벗어난 순간부터 본능적으로 자신을 따뜻하게 감싸줄 어떤 공간을 찾게 되고 그 공간에 머무를 때에야 온몸의 긴장을 내려놓고 따뜻한 감정과 더불어 평온을 느낀다고 한다. 그 대표적인 공간이 집일 것이다. 그런 까닭으로 사람들은 거주 공간, 곧 집을 마련하기 위해 가장 많은 노력을 기울인다.

내겐 집에 대한 아주 많은 기억이 있다. 방문을 열면 앞산이 통째로 건너다보이던 어릴 적 초가에서부터 지금 살고 있는 이 집까지 아주 많은 집으로 옮겨다니며 살았다. 그중에서도 백마강이 에둘러 흐르던 읍내의 작은 양옥에 대한 기억이 특별하다.

교사이셨던 아버지는 조부모님을 모시기 위해 산골 학교를 선택하셨다. 머슴 아저씨까지 열한 식구의 수발을 드는 일로 하루해가 저물곤 하던 어머니의 일상은 고되기만 했다. 무엇보다 희미한 등잔불 아래 잠드는 어린아이들의 미래가 걱정되었다. 언젠가는 아이들 교육을 위해 도시로 나갈 준비를 해야 할 텐데 아버지의 쥐꼬리만 한 월급은 농사짓는 일로 스며들면 그만이었다. 궁리 끝에 어머니는 아무도 몰래 친정 마을에 쌀계를 하나 들었고 해마다 정월 마지막 오일장이 서는 날이면 뒷산에서 외할아버지를 만나 곗돈을 건넸다. 외가는 가파른 산을 올라 등성이 길을 타고 한 시간 반 가량을 가야 하는 곳에 있었다.

어느 해인가 그날도 외할아버지를 만나러 가야 하는 날인데 아침부터 눈이 내리더란다. 서슬 퍼런 할머니는 오일장에 가는 것을 포기한 채 안방에서 기척도 없고 안타까워진 어머니의 가슴이 두방망이질 쳤다. 눈 때문에 오시지 않았을지도 모른다는 마음과 이미 도착해 계실 거라는 두 마음이 팽팽한 줄다리기를 했더란다.

점심상을 물리고 약속 시간이 한참이나 지나서야 눈이 잦아들고 할머니는 낮잠에 든 기색이었다. 어머니는 허둥지둥 뒷산을 향해 발걸음을 옮겼다. 이미 산속의 길은 지워지고 없었다. 정강이까지 빠지는 눈 때문에 걸음을 옮겨 놓기도 힘들었다. 나뭇가지들은 눈의 무게를 견디지 못해 뭉텅뭉텅 눈덩이를 떨어트렸다. 길 잃은 산토끼나 꿩의 날갯짓 때문에 소스라치기도 하며 어머니는 숨 가쁘게 산 중턱을 향해 올라갔다. 약속 장소인 바위 밑에 다다랐지만 외할아버지의 모습은 보이지 않았다. 늙은 소나무 밑을 서성대던 발자국 몇 개가 외할아버지의 흔적을 말해줄 뿐 산은 고요하기만 했다.

아쉬움에 산마루를 올려다보며 돌아서려는데 늙은 소나무 가지에 묶여 있는 무명 보따리 하나가 눈에 들어왔다. 보따리 안에는 말랑한 수수부꾸미가 들어 있었다. 어둠이 빨리 찾아올 겨울 산길이 걱정되어 아쉽게 돌아서면서도 혹시나 올지도 모를 딸을 위해 그 보따리를 두고 가신 것이었으리라. 몇 번이고 산마루를 뒤돌아보며 허둥지둥 산길을 내려오는데 야속하게도 다시 눈이 퍼붓기 시작하였다. 어머니의 젖은 눈썹 위로, 수수부꾸미가 안겨 있는 가슴팍으로, 산기슭의 빈 목화밭으로 천지에 분분하게 날리던 그날의 눈발을 평생 잊을 수 없다 하셨다. 그날 저녁, 어머니는 부엌문 너머로 그칠 줄 모르고 내리는 뒷산 눈발을 올려다보며 가마솥의 밥 눈물 같은 눈물을 흘렸으리라.

그 곗돈이 기초가 되어 마련한 집이 읍내의 그 빨강 양옥이었다. 담벼락 밑에는 한해살이 꽃들이 차례로 피고 꽃밭 위를 가로지르던 빨랫줄에는 날마다 맑은 물을 톰방톰방 떨어트리며 빨래들이 개운하게 말라갔다. 장롱 하나, 책장 하나, 앉은뱅이책상 두 개가 살림의 전부였던 그 집 마루는 언제나 반들반들 윤이 났다. 아버지의 자전거가 비스듬히 세워져 있던 파란 대문 집은 지금 생각하면 어린아이가 그린 그림처럼 볼품없고 작은 집이었다. 하지만 다섯 자식을 온전히 품어 재우던 공간, 그 집에서의 어머니는 내 기억 속에서 가장 행복한 모습이었다. 그 집은 젊고 푸른 어머니가 살던 집이었다.

집이란 무엇인가. 현대인들 대다수가 그렇듯 나도 집을 사기 위해 부지런히 살아왔던 때가 있었다. 집이 행복의 목적이라도 되는 듯이 말이다. 그리고 지금 나는 다시 집의 의미에 대해 생각해 본다. 집이란 시간의 흔적과 가족의 사랑으로 한 켜 한 켜 쌓아 올린 기억의 탑과 같은 것이었다. 내가 그 작은 양옥을 생각하면 일년초들이 한꺼번에 피어나듯이, 칸나보다 작고 달리아보다 조금 컸던 오형제의 올망졸망했던 모습이 떠오르며 미소가 지어지듯이, 무형의 견고한 추억들이 쌓여 완성되는 것이 진정한 의미의 집이었다. 오늘날의 집은 가족이 아늑하게 머무는 공간의 의미를 넘어 투자와 부의 척도가 되어 가고 있는 듯하다. 집은 그 자체가 목적이 아니라 우리에게 행복을 주는 수단에 불과할 뿐인데 의미가 변질되어 가고 있는 것은 아닌지. 그리하여 우리는 그 행복을 거꾸로 찾아가고 있는 중인지도 모른다.

나의 집에 대한 기억 여행은 파란 양철 대문 집을 떠나 빗소리 따갑던 도시의 함석지붕 밑 자취방과 한남동 언덕의 시댁을 떠돌다가 태평양을 건너온다. 첫아이를 낳았던 뉴욕의 낡은 아파트와 뒤뜰에 감나무 두 그루를 심어둔 이 집을 거쳐 다시 호박꽃 같은 등잔불이 가물거리던 초가로 돌아가 있다. 구글에서 제공하는 위성 사진 지도에 외가와 친가의 주소를 넣어 본다. 차령산맥의 높고 낮은 산과 구릉 사이에 별처럼 박혀 있는 두 동네의 모습이 선명하게 보인다. 반세기 전의 정월 하순 어느 날, 회색 솜두루마기 안에 따스한 수수부꾸미와 함께 말랑한 그리움을 안고 눈 내리는 산길을 더듬어가시던 외할아버지 모습이 그 산맥 사이 어디엔가 있을 것만 같다.

창밖에는 하염없이 눈이 내리는데 메밀꽃 같기도 하고 목화꽃 같기도 한 눈송이 몇 개가 유리창에 달라붙어 방 안을 기웃거리고 있다. 혹시 차령산맥 주름진 골짜기에도 지금 그날처럼 눈이 내리고 있지는 않을까.

제3부

소원을
말해 봐

똥강아지가
보낸
편지

> 잘 일어나서 학교 가는 중. 걱정하지 마 엄마.

> 아침 꼭 먹어라. 끼니 거르면 안 된다. 끼니란 일정한 시간에 먹는 밥의 또 다른 표현.

> 오케이 오케이 나는 네 끼니도 더 먹어. 돈 떨어졌어 딸래미 ㅎㅎ.

> 딸래미 아니고 딸내미.

> 돈 넣으마 아껴 써.

> 미안 죄송 감사감사. 경기 크래스 가는 중. 엄마 괴롭히는 경기 배우러. 화이팅 엄마.

> 나를 괴롭히는 건 경기. 네가 배우는 과목은 경제.

뉴욕에서 대학 공부를 하는 딸과의 핸드폰 문자 내용이다. 요즈음 아이와의 소통 수단으로 거의 대부분 이 문자를 사용한다. 아직은 미성숙해 보이는 아이가 완전한 자유 속으로 내보내진 게 염려되어 문자를 보내기 시작했다. 전화로는 자칫 잔소리가 되기 쉬운 대화를 짧은 호흡의 간결한 문자로 하니 오히려 전해지는 메시지는 강해지는 것 같다. 학기 초 되풀이하는 엄마의 염려 섞인 전화에 제발 한 번 한 이야기는 다시 하지 말라고 퇴박을 놓더니 비슷한 잔소리지만 문자로 전달하니 건너오는 답도 순해졌다. 또한 딸이 보고 싶을 때마다 문자 저장함에서 토막 편지를 꺼내 읽는 재미도 쏠쏠하다.

우리 아이들은 미국에서 태어났지만 모두 한국어를 잘하고 또 잘 쓰는 편이다. 어릴 때부터 한국어로 말하지 않으면 우유도 안 주고 밥도 안 줄 만치 철저히 가르친 덕분이다. 우리말의 중요성, 모국어의 은밀함, 독립된 우리들의 말로 나누는 그 따뜻한 언어의 정서를 다시 강조해 무엇하랴. 토요일마다 한국학교에 보내고 저녁마다 일기를 쓰게 시키고, 검사하고, 틀린 낱말은 되풀이 써야 잠들게 하는 것은 쉽지 않았다. 미국학교 선생님이 토요일에도 학교 가는 우리가 너무 가엾다고 하셨다며 투덜대던 아이들, 선생님의 말씀이 곧 진리라고 믿는 아이들의 등을 떠미는 일은 쉽지 않았다.

이십여 년 전, 뉴욕에 살 때 만난 어느 분의 눈물을 만나면서 내 한글 교육의 의지가 시작되었다. 700불을 쥐고 태평양을 건너오셨다는 그분은 뉴욕 이민 사회에 꽤 이름이 알려진, 성공하신 분이었다. 딸을 셋 두셨는데 그중 맏이의 결혼을 앞둔 어느 날 그분에게 우연히 듣게 된 이민 사회의 애환과 한국어를 제대로 가르치지 못한 때늦은 후회의 이야기를 잊지 못하고 있다.

　오십여 년 전, 초창기의 이민 사회는 아이를 맡길 곳이 없었고 여자들의 일터는 십중팔구가 맨해튼의 봉제 공장이었다. 새벽마다 그분은 하루의 양으로는 너무 많다 싶을 만큼의 음식을 아이들을 위해 한꺼번에 차려 놓는 일로 일과를 시작했다. 아직 잠들어 있는 네댓 살배기들을 뒤로 한 채 딸깍, 문을 잠그고 집을 나설 때마다 가슴이 먹먹했다. 아이들은 하루 종일 집에 갇혀 놀다 먹다를 되풀이했다. 아이가 아프기라도 한 날이면 시간 맞춰 길거리 공중전화로 뛰어가 큰 아이에게 동생의 약 먹이는 일을 시켰다. 열이 들끓는 아이한테 가볼 수 없는 어머니, 불안한 마음으로 재봉틀 앞에 다시 앉으면 바쁘게 밟아대는 재봉틀 소리만 집으로 앞장설 뿐 맨해튼의 빌딩 사이로 넘어가는 하루해는 너무 길었다.

　그 뒤 미국 성공회 신부님들에게 아이들이 맡겨지면서 아이들이 적응할 때까지 또 아픔을 겪어야 했다. 전철역 근처에서 낯선 미국 신부님의 차에 태워진 아이들은 차의 뒤 창문을 마구 긁어대며 울어댔다. 아이들을 실어 보내고 전철역의 계단을 내려가면서 눈앞을 가린 눈물 때문에 발을 헛디뎠던 기억도 있다고 하셨다. 그날을 기억하는 그분의 눈자위가 다시 붉어졌다.

먹고살기 바빠 아이들의 교육과 언어는 전적으로 미국의 공교육에 맡겼고 아이들은 아주 기본적인 한국말만 이해하는 상태로 자랐다. 이제 그 딸들이 자라 며칠 후면 큰딸이 결혼하게 되었다. 빈민가의 아파트에 갇혀 어린 동생들 돌보는 일로 유년기를 보낸 그 안쓰러웠던 딸이 시집을 간다는 것이다. 어머니는 그럴 수밖에 없었던 질곡의 시간들을 설명하고 결혼 생활을 하며 겪을 이런저런 인생사의 구비, 그 고개를 넘는 비법을 딸에게 일러주고 싶었다. 하지만 하룻밤을 지새워도 모자랄 어머니의 그 이야기를 전할 방법이 없었다. 언어가 없었다.

그때 그 이야기를 눈물 핑 돌며 듣던 내 품엔 신생아 딸아이가 안겨 있었다. 그분은 한국어의 중요성을 강조하시면서 자기처럼 실패한 인생이 되지 않으려면 아이들에게 영어보다 한국말부터 가르치라고 당부하셨다. 그분이 몇십 년을 지불하고서야 얻은 보석을 눈물로 내 손에 쥐여 주셨다. 그 뒤 내게 한국말은 눈물로 기억되는 언어이다. 언어는 잃어버리면 길을 잃고 마는 지도 같은 것이다. 아이들에게도 복사본을 하나씩 간직하게 하는 일이 한글을 가르치는 일이리라. 그 지도를 공유한 우리의 언어는 단순한 말이 아닌 인생의 전체를 비춰주는 방향등 같은 것이 아닐까. 지금은 그때처럼 환경이 열악하지도 않고 또 그런 분들의 시행착오를 바탕으로 한국어교육기관도 많이 생겨났다. 또 미국 사회 전반에서 모국어를 아는 아이들의 경쟁력이 커져가고 있다.

딸아이의 대학을 뉴욕으로 정하고 품을 떠날 아이의 걱정으로 전전긍긍하던 때에 텔레비전에서 한국 통신사의 광고를 무심히 보던 중 아, 저거다 싶어 통신사를 바꿨다. 아직 쓰고 있던 통신사와의 계약기간이 남아 있어 적지 않은 위약금까지 지불해야 했지만, 딸과의 소통 수단을 찾아낸 나는 망설일 필요가 없었다. 다섯 식구 모두의 핸드폰을 한국 통신사로 바꿔온 날 영어로 불분명하게 기록된 지인들의 이름을 한국어로 입력해 넣느라 밤이 깊어가는 줄도 몰랐다. 건넛방에 있는 아이들과 한국의 동생에게 문자를 보내고 또 답신도 받아보며 아이처럼 신기해했다. 아이들은 자기들만의 문화로 착각하고 있는 핸드폰 문자문화에 편승한 엄마를 환영하며 즐거워했다. 나 역시 자꾸 멀어지는 것 같은 아이들에게 한 발짝 다가간 것 같아 기분 좋게 늦은 밤잠을 청했다.

내게 모국어의 맛을 묻는다면 어릴 적 할머니가 만들어 주신 식혜의 맛이라 하고 싶다. 하얀 찹쌀 고두밥알이 싸리꽃처럼 빠져 있고 대숲에 부는 겨울바람에 살얼음이 살짝 얼어 있던 장독대 위의 그 식혜 한 사발, 그 달콤 싸아한 맛 말이다. 생강 향이 살짝 나며 알싸하게 목울대를 넘어가던 그 맛을 어떤 음료수가 흉내 낼 수 있을까. 누구에게나 모국어는 그런 맛이리라.

봄이면 미색 감꽃이 톳톳 소리 내며 떨어지던 장독대, 여름이면 꽃물 들일 봉숭아꽃을 키워 주던 장독대, 그 장독대에 가을이 오면 열린 장독 속으로 달도 숨고 별도 숨었다. 그리고 마지막 계절 겨울이 오면 할머니는 아랫목에 엿기름을 삭혀 식혜를 만드셨다. 달콤한 식혜는 겨울의 장독대 위에 보관되었다. 대숲이 소리 내어 우는 밤, 할머니가 떠다 주시던 겨울 식혜 맛을 어찌 잊을까. 내 아이들에게 그 아름답던 장독대의 정서를 보여줄 순 없어도 그 식혜 맛을 보게 해주고 싶어 나는 오늘도 공들여 문자를 쓴다. 눈 뜨면 마주해야 하는 영어의 홍수 속에 비켜 앉아 오롯한 나만의 한글로 적어 보내는 문자의 맛이 내게는 한 사발의 식혜이다.

앙증맞은 음악 한 소절을 울리며 문자가 왔다. 어릴 적에 애칭으로 똥강아지라고 부르면 똥이 들어가 있어서 싫다고 도리질하더니 그 똥강아지란 말이 얼마나 감칠맛 나고 정감 있는 말인 줄 깨달았는지 오늘은 이런 문자가 왔다.

앗싸 시험 끝. 똥강아지는 친구들이랑 영화 보러 가요. 어마마마 일찍 주무십시소서. 주무시시소서? 주무십소서? 에구구- 한국말 어려워

소원을
말해 봐

  미지근한 해가 기척도 없이 사라지는 겨울 하루는 짧다. 과학적으로 하루의 길이는 아주 조금씩 길어지고 있다는데 나의 하루는 자꾸 빨라지고 있는 느낌이다.
  1초의 세상에 대해 읽은 적이 있다. 하루의 최소 단위인 째깍, 간단없이 스쳐 가는 그 1초의 세상에서는 지금도 두 명의 아기가 태어나며 한 대의 자동차가 만들어지고 있다고 한다. 배고픈 두꺼비가 지렁이를 통째로 낚아채는 시간이며 동시에 쏟아지는 빗방울을 피하기 위한 달팽이가 1센티미터를 전력 질주하는 시간이라 한다. 또한 오늘도 꿀벌은 생존을 위해 1초에 이백 번이나 되는 날갯짓을 한다고 한다.
  겨울방학이 되어 돌아온 아이들은 비어 있던 제 방들을 차지했다. 나는 불이 켜져 있거나 혹은 늦도록 불을 켜지 않는 아이들의 방을 기웃거리며 겨울밤을 뒤척이기 시작했다. 새

해맞이로 소란스럽고 들쭉날쭉하던 아이들의 귀가가 제풀에 지쳤는지 오늘 밤은 아이들 방의 불빛이 풀랑거리지 않고 있다. 대신 음악 소리가 문 밑으로 새어 나온다. 기숙사 사감처럼 자다 깨어 인원 점검을 하고 돌아서며 듣는 아홉 소녀 걸그룹 '소녀시대'의 노래가 몽환적이다. 몽환적인 사운드에 몽환적인 목소리다. "소원을 말해봐. 니 맘속에 있는 작은 꿈을 말해봐, 소원을 말해봐, 내게만 말해봐봐봐봐……." 문 밑으로 새어 나오는 노랫말이 재미있다.

가뭇없이 기울어버린 겨울 하루, 잠깐 잠이 들었는데 한 발 도망쳤던 잠이 좀처럼 잡히지 않는다. 잠 대신에 소원을 말해보라던 소녀들의 노랫말이 귓전에 맴돈다. 어릴 적 읽은 알라딘의 요술램프에서 튀어나오던 신비한 능력의 '지니'는 동화 속에 살고 있는 소원의 상징이었다. 내가 제일 처음으로 접한 소원이란 단어는 우리의 소원은 통일, 꿈에도 소원은 통일이라는 노랫말에서였던 것 같다.

희미하기만 하던 소원이란 단어의 뜻을 명확히 가르쳐준 건 학교가 아니라 십 원짜리 카스텔라였다. 한 입 베어 물면 사르르 녹아들던 카스텔라의 맛은 충격이었다. 처음 맛본 카스텔라는 부드럽고 달콤했으며 긴 아쉬움을 남겼다. 그 보드라운 카스텔라를 실컷 먹어 보는 것, 상상만으로도 침이 꼴깍 넘어가는 간절한 마음, 그것이 바로 소원이라는 것을 카스텔라가 가르쳐줬다.

중학교 동창 중에 명심이라는 친구가 있었다. 공책과 노트가 같은 말인 줄은 꿈에도 모르는 어머니를 속여 하루는 공책 사야 한다며 10원, 하루는 노트 사야 한다며 10원을 타낸 명심이는 그 돈으로 삼립 크림빵을 사 먹었다. 나도 거짓말을 강행했다. 다 쓰지도 않은 공책을 산다고 십 원을 타내는 거짓말이었다. 명심이보다는 한 수 낮은 거짓말이었지만 내 최초의 거짓말은 잠깐의 두려움 뒤에 한나절도 넘는 달콤함과 사십 년이 지났어도 잊히지 않는 추억을 남겼다. 먼저 벗겨낸 동그란 종이에도 묻어있는 촉촉한 카스텔라를 앞니로 떼어 먹은 뒤 왼손에 가득 잡히는 폭신한 행복을 즐겼다. 그리고 오른손의 엄지와 검지로 아주 조금씩 아끼며 떼어내 먹던 그 달콤함, 그것은 소원의 맛이었다.

하얀 쌀밥을 매일 먹는 것, 엎드린 동생의 등을 밟고 선 나의 키가 장롱 위 원기소 병에 닿을 때까지 자라는 것, 국수를 섞지 말고 오글오글 노란 삼양라면만 끓여 먹기, 열두 권짜리 세계아동문학전집과 180원짜리 삼중당문고를 모조리 사 모으는 것, 나 혼자만의 방을 쓰는 것, 서울에 가 보는 것, 근사한 사무실에 취직하는 것, 연탄불이 꺼지지 않는 것, 열세 평짜리 아파트 불빛 속에 갇혀 보는 것······. 카스텔라 이후에도 나의 소원은 계속되었다.

대부분의 내 소원은 내 최초의 소원이었던 카스텔라처럼 달콤하거나 부드러운 것들을 향한 것들이었다. 하얀 쌀밥이 그랬고 털스웨터 대신 입고 싶은 스펀지 넣은 빨간색 다후다 잠바가 그랬다. 딸깍하고 스위치를 누르면 부드러운 갓등이 뽀얗게 켜지는 나 혼자만의 방을 꿈꾸는 것이 그랬고 아이스크림이 얹혀 있는 비엔나커피를 마시며 만난 남자가 그랬다. 항상 또박또박하기만을 강조하시던 아버지가 가지고 있지 않던 부드러움, 그 부드러움을 가진 그를 좋아하기 시작했다. 궁전다방이나 장미의 숲쯤에서 만나 하오를 보내며 마시던 커피는 향기로웠다. 처음 먹어보던 하이라이스의 따스함, 알라딘의 요술램프처럼 생긴 팟에서 하얀 김이 피어오르는 소스를 부어주던 그는 하이라이스처럼 따뜻했다. 이념과 최루탄의 대립, 책과 권력의 충돌이 잦던 시대, 세상은 거칠었지만, 신춘문예를 두드리던 그의 시는 부드러웠다. 부드러움만이 모든 강한 것들을 덮을 수 있다는 그의 지론에 반해 혹은 그의 부드러움에 이끌리어 평생을 그 남자 곁에 살기로 약속했다. 그리고 지금 나는 가끔 그 부드러움에 불만이다. 베이커리의 너무 단 빵 맛에 반론을 제기하듯 아무에게나 착하고 부드러운 남편의 심성에 딴지를 건다.

　나는 다시 작고 느리고 거친 것들을 소원한다. 이를테면 카스텔라를 실컷 먹어 보는 꿈을 꾸던 두 칸짜리 아늑한 초가, 뒤란 흙벽에 매달린 채 그악한 겨울바람을 견디며 말려진 무청 시래기, 장작 불티가 날아든 아궁이 속의 못생긴 뚝배기 같은 것을 그리워한다.

감이 되기 전의 고욤, 배가 되기 전의 돌배, 포도가 되기 전의 머루처럼 작고 볼품없는 것들에겐 사람을 품는 따뜻한 성질이 있다. 그렇듯 사람들의 소원이란 내가 가지고 있는 것들이나 서 있는 자리의 반대편을 향하는 기질을 갖고 있는 것 같다. 내일을 향한 소원이 오늘이 될 수도 있음을 깨닫는 밤, 이 순간에도 일흔아홉 개의 별이 동시에 떨어지고 있다. 또한 세상 어느 하늘 아래선가는 그 별똥별을 보고 소원을 비는 이도 하나쯤 있을 것이다.

마지막
드라이브

  저녁 식탁에 앉았지만, 밥맛이 없어 몇 숟가락 뜨는 둥 마는 둥 이층으로 올라왔다. 씻고 침대에 누웠지만 잠이 올 성싶지 않다. 뜰로 난 창으로 내려다보니 언제나처럼 차고 앞 진입로를 지키고 있는 1992년생 빨간 왜건이 오늘따라 더욱 기운 없이 엎드려 있다.

  막내를 낳자마자 처음으로 가져본 새 차는 한밤중에도 나가 운전석에 앉아볼 만큼 흥분되는 존재였다. 그 차에 아이들 셋을 조롱조롱 태우고 다니던 때가 살아온 날 중 가장 행복했던 때였지 싶다. 아이들 위주로 선택한 차는 문턱이 낮아 좋았고 소방차 같은 빨간 색깔은 좀 생뚱맞았지만, 아이들이 좋아하니 좋았다. 막내만 아기 시트에 앉히면 나머지 두 아이는 알아서 기어올라 벨트까지 매고 출발을 기다리곤 했다. 가운데 아기 시트에 앉아 있는 동생이 울면 "애기야, 애기야, 우유 줄까? 까까 줄까?" 형과 누나가 달래주면 다리를 흔들며 행복해 하던 막내의 모습이 눈에 선하다. 보채던 아이들이 잠들면 차는 등판을 내어주듯 뒷자리를 눕혀 간이침대가 되어 주기도 했다.

그 아이들이 자라 학교에 입학하고, 악기를 배우러 다니고, 도서관을 다닐 때는 하루에 열 번도 넘게 시동을 걸었다 풀었다 반복해야 했다. 차고 없는 집이 대부분이었던 뉴욕의 오래된 집을 배경으로 서 있던 빨간 왜건은 우리 집의 상징 같은 것이었다. 사람들은 빨간 차가 서 있으면 들어와 차 한 잔을 나누고 갔다. 하지만 차를 세워두던 자리가 비어 있으면 식구들이 부재중이라는 신호로 받아들였다. 꽁무니에 붙어 있는 짐칸에는 장난감과 아기 담요 같은 게 오랫동안 실리다가 그 짐들 대신 바이올린과 첼로 같은 악기가 실리면서 아이들이 커갔다. 그리고 최근 몇 년간은 그 짐칸에 무거운 세탁물이 자주 실리면서 우리 사업에 보탬이 되었다.

우리 가족과 삶을 같이한 차는 뉴욕과 이곳 워싱턴에서 반평생씩을 살고 내일이면 우리 곁을 떠나게 된다. 지난 몇 년간 차는 쿨럭거리고 탈탈거리고 해소 기침을 해대며 잔병치레가 심했었다. 급기야 차는 한쪽 눈이 빠져 테이프를 붙였고 군데군데 그 햇빛에 찬란히 빛나던 빨간빛을 잃어버리고 버짐처럼 등껍질이 벗겨지기 시작했다. 고급스러운 가죽 냄새를 풍기던 시트는 그 옛날 우리 할머니 발뒤꿈치처럼 갈가리 터져 품위를 잃었다. 에어컨이 고장난 지 두 해가 지났고 설상가상으로 나이를 기억하기 싫다는 듯 마일리지 계기판이 이십만 마일 부근에서 정지해 버린 지도 꽤 오래전의 일이다.

수리비를 들일 때마다 이별을 상상해 보기도 했다. 고개를 흔들며 지켜온 차를 배신하게 된 동기는 연방정부에서 내놓은 보조금 때문이다. 거저 줘도 안 가져갈 차인데 연비가 낮은 차로 교환할 경우에 4,500불씩이나 지원해 준다니 남편은 새 차를 보러 다니기 시작했다. 조그만 가전제품을 살 때도 꼭 참견하는 내가 새 차를 사는 일에 수수방관이었던 이유는 떠나보내는 차에 대한 나의 마지막 예우의 차원 같은 것이었으리라.

쉬이 잠이 들 성싶지 않아 남편 몰래 열쇠를 들고 밖으로 나갔다. 아이들의 차까지 생긴 이후로는 눈 오는 날도 비 오는 날도 차고에는 얼씬도 못 해본 차가 늙은 수문장처럼 집 앞을 지키고 있다. 차 문을 여니 나처럼 잠들지 못했던 기색이 역력한 차가 나를 반긴다. 시동을 켜니 퇴근길에 들었던 음악이 흘러나오고 아직도 식지 않은 한여름의 열기가 뜨듯하게 허리에 전해 온다. 밤공기를 들여놓으려 차창을 여니 숲에서 날아온 알싸한 숲 내음이 유리창 안으로 가득 들어오고 오랜만에 올려다본 하늘엔 별도 몇 개 떠 있다. 나는 향방 없이 밤길을 달리며 차와 보낸 여러 추억을 별을 세듯 하나씩 떠올려 본다.

세 아이 뒤치다꺼리하는 것보다 운전하는 게 수월해 서로 운전석을 차지하겠다고 남편과 벌이던 운전석 쟁탈전, 부부싸움을 하고 차고로 내려가 차에 앉아 훌쩍거리던 일, 이유 없이 사는 게 팍팍하게 느껴져 아이들을 재워 놓고 혼자서 밤 드라이브를 한 적도 있었다. 온전한 나만의 공간을 내어주던 차는 바흐나 라흐마니노프를 연주해 주며 나를 다시 편안한 일상으로 돌려놓아 주곤 했다. 뉴욕 생활을 정리하고 이사 오기 전날 밤, 짐이 잔뜩 실려 있는 차를 몰아 혼자 찾아간 허드슨 강변에서 나와 같이 긴 생각에 잠겨 주던 차는 돌아오는 길에 더욱 환한 불빛을 비춰주며 등을 툭툭 치듯 나를 격려하기도 했다.

새로운 도시로의 이주에 동행한 차가 주는 위로는 매우 컸다. 모든 것이 낯설고 생경한 풍경 속에 차도 덩달아 주눅이 들어 있었고, 가족의 일원처럼 느껴졌다. 익숙한 손놀림으로 차 문을 당기고 아이들은 언제나처럼 각자의 자리에 앉고 시동을 켜면 똑같은 엔진음을 내는 차가 주던 위안이 있었다.

이제 훌쩍 커버린 아이들은 더 이상 늙은 차를 좋아하지 않는다. 차와 동갑내기인 막내가 운전면허를 땄고 슬쩍 왜건의 열쇠를 건네 보았지만 누가 이런 차를 타냐며 퇴박 놓는 소리를 분명 내 늙은 차도 듣고 섭섭했을 것이다. 먼 훗날 추억 속의 사진첩이라도 펴본다면 놈들은 어린 시절 사진마다 뒷배경에 서 있는 차를 보게 될 것이다. 그리고 그들의 유년 시절을 싣고 다녔던 빨간 왜건을 엄마가 왜 그렇게 놓지 못하고 사랑했는지 그때쯤은 이해하게 될 것이다. 하여 그들도 한 가지쯤은 낡고 오래된 것을 보듬고 사랑하며 살아가는 정서를 뒤늦게나마 터득할 수 있다면 좋으리라.

밀회처럼 밤 드라이브를 마치고 집으로 돌아와 차의 유리창을 올린다. 가끔 말을 듣지 않아 한겨울에는 칼바람과 눈송이를 들이며 달렸던 적도 있는 창문 하나까지도 스르륵, 군말 없이 올라가 준다. 틀어 놓았던 음악은 이별을 마무리하듯 마지막 장을 연주하고 있다. 드라이브웨이에서 음악이 끝나기를 기다리며 차에 가지고 다니던 소품들을 정리한다.

차 문을 잠그고 돌아서 현관 안으로 들어오며 오래된 연인과 헤어지듯 결코 뒤돌아보지 않으려 애를 써본다. 다시 잠자리에 누웠지만 처음 새 차를 맞이하던 날처럼 잠들지 못한다. 생각의 발길은 육신의 반이 고장나 오랫동안 병석에 누워 계신 친정어머니 곁으로 간다. 열일곱 해를 달려 준 낡은 왜건은 날이 밝으면 내 곁을 떠날 것이고 어머니도 내 곁을 떠날 날이 머지않았을 것이다. 두 개의 이별 이정표가 서 있는 밤, 잠은 천리만리로 달아나고 숨어 있던 추억의 잔해만이 별처럼 총총히 내 가슴에 내려앉고 있다.

아침밥을
지으며

    아침밥을 짓기 위해 쌀 포대를 연다. 쌀을 퍼낸 다음 습관처럼 툭, 빈 컵을 던져 넣다가 다시 집어 들어 쌀을 소복하게 담아 놓는다. 어머님께서 쌀을 퍼낼 때는 꼭 그렇게 컵에 쌀을 듬뿍 담아 놓으시던 모습을 보았기 때문이다. 가난했던 시절부터 내려온 쌀독을 향한 우리 어머니들의 의식이기에 그 의미를 믿고 안 믿고를 떠나 작은 불편을 감수하며 따라 하려 애를 쓰고 있다.

    시어머님께서 오셨다. 건강이 좋지 않으신데도 일하는 며느리를 도와주려는 흔적이 역력하다. 오십이 넘도록 또 칠십이 넘도록 따로 살던 사람들이 함께한다는 것은 그리 쉬운 일이 아닐 것이라는 불안감이 엄습해 왔었다. 그리고 일상에 출현하는 소소한 부딪침에 잔뜩 긴장된 채 반년이 지나가고 있다.

나는 눈 비비고 일어나면 주방부터 먼저 내려가지만 어머님은 욕실로 가셔서 몸단장부터 하신다. 나는 고슬고슬한 밥을 좋아하지만 어머님은 진밥을 좋아하신다. 나의 아침은 군고구마나 빵 한 조각에 커피를 곁들인 초간단식인데 비해 어머님은 제대로 된 아침밥을 드셔야 한다. 나는 피곤한 날 저녁 설거지쯤은 눈 감고 이층으로 올라가기도 하는데 어머님은 물컵 하나라도 말끔히 닦아 놓으시려 한다. 나는 일주일에 한 번 정도 청소기를 돌리는데 어머님은 적어도 이틀에 한 번은 돌리신다. 나는 세탁기에 빨랫감이 가득 차야 세탁기를 돌리는데 어머님은 매일 하신다. 나는 누레진 수건의 색깔 따위는 눈에 들어오지 않는데 어머님은 세수수건에 뽀얀 색깔을 내기 위해 애쓰신다. 나는 그 수건의 끝을 안쪽으로 들어가게 접는데 어머님은 바깥쪽으로 나오게 접으신다. 나는 실내 온도를 조금 낮추고 두꺼운 이불을 덮는 걸 좋아하지만 어머님은 따뜻한 온도에 가벼운 이불을 덮는 걸 좋아하신다. 나는 음악을 좋아하고 어머님은 드라마를 좋아하신다. 물론 다름은 틀림이 아니다. 또한 다름은 서로 신기하게 바라볼 수 있는 매력으로 다가올 수도 있다. 하지만 굳어진 습관에 딴죽을 거는 다툼으로 변하기도 쉽다.

  스물몇 해 결혼 생활을 하면서 터득한 것이 바로 그것이다. 매력적으로 다가왔던 장점은 끝까지 그 자리를 지킬 수 없었고 단점의 이면을 들여다보면 무언가 좋은 구석을 품고 있었다. 스무 살 적의 나는 나와 다르다는 묘한 매력에 끌려 남편을 좋아하기 시작했다. 시골 여학생인 나에게 성큼 다가온 도시 남학생의 친절함은 신선했다.

처음 손을 잡으며 폴 발레리의 "바람이 분다…… 살아야겠다"라는 시 구절을 외우던 그 남자의 감성은 세련되어 보였다. 그 남자의 눈에는 하늘색 스웨터와 잔꽃 무늬 블라우스 그리고 청바지를 교복처럼 입고 다니는 나의 조촐한 옷매무새, 달리 말해 촌스러움을 매력으로 느꼈다고 했다. 내게 천 년을 변하지 않을 천사 같은 여자라는 이름을 달아준 건 순전히 그 남자의 착각이었다.

처음 사랑을 느낄 때는 그가 피우는 담배 연기에서도 향기가 나는 것 같았다. 하지만 첫아기를 낳고 나서야 담배에는 애당초 향기 같은 게 존재하지 않는다는 사실을 깨달았다. 그 여자는 그 남자에게 쓴 옛 편지에서 '그대의 부드러운 담배 연기'를 운운하던 구절을 발견하고 어처구니없어한다. 모든 다툼의 시작과 끝에는 담배가 거론되었으며 결국 그 남자는 담배와의 이별을 강행해야 했다. 예쁜 스웨터를 선물로 들고 온다던가, 감기에 걸렸다고 따뜻한 우유를 주문해주던 그의 세심한 배려에 여자는 감동했었다. 하지만 그 배려가 꼭 나만을 위한 것이 아니고 그 남자의 타고난 품성임을 알았을 때 또 실망한다. 꼭 그러지 않아도 될 자리에 넘치는 배려를 한다고 까탈을 잡기 시작하면서 그 여자는 앉아 있던 착한 의자에서 내려진다. 마침내 천사 같았다는 하늘색 스웨터의 그 여자는 사사건건 트집을 잡는 까다롭기 짝이 없는 여자로 변신한 채 그 남자의 곁에서 평생 종알대며 살아가고 있다.

남자와 여자 사이의 다름은 다툼을 일으키다가도 곧바로 친화되어 품고 갈 수 있는 구석이 있는 데 비해 여자와 여자 사이, 그것도 시어머니와 며느리 사이의 다름은 팽팽한 긴장감을 만들기 마련이다. 마치 언제 끊어질지 모르는 현악기의 줄과 같다. 그것도 연분홍 치마를 입고 있는 새색시도 아닌 중년의 며느리와 허허로운 인생의 벌판 끝을 걸으시는 시어머님과의 동거이기에 더욱 그러하다.

나는 다름에 도전 받지 않으면서 그 다름에 섞여 살아갈 궁리에 골똘해 있는 중이다. 나도 세수를 먼저 하고 민낯을 다듬은 뒤 주방으로 내려온다. 고슬고슬해야 밥의 달콤한 맛을 느낄 수 있다고 주장하는 나의 미각에 진밥의 부드러움을 느껴보라고 주문해 본다. 아침 주방의 깨끗함을 위해 밤의 주방 정리를 끝내는 수고를 견뎌 본다. 청소기를 돌리는 건 어머님의 몫으로, 마루를 닦는 일은 내 몫으로 정한 뒤 일주일에 한 번씩 닦는 것을 지킨다. 빨래는 모든 가족이 샤워를 끝내고 나간 뒤 어머님 마음대로 하시게 둔다. 수건을 예쁘게 접는 것보다 리넨 장에 가득 들어 있는 수건의 숫자에 비중을 둔다. 실내 온도를 다소 높여 놓고 어릴 때부터 약간 서늘한 온도에 길들여진 아이들의 방 창문을 눈곱만큼씩 열어둔다. 바흐나 모차르트의 음악을 유리창에 부딪히도록 볼륨을 높이고 듣던 습관을 주방에서 출퇴근길의 차 안으로 옮겨 놓는다.

처음 사귀는 친구처럼 어머님과 나 사이에서 찾아낸 같은 취향의 목록을 되뇌어 본다. 어머님도 나처럼 꽃을 좋아하신다. 나물을 좋아하시고 따뜻한 숭늉을 좋아하신다. 뒤뜰에 찾아오는 새들을 좋아하시고 벽난로 속 마른 장작 타는 냄새를 좋아하신다. 아낌없이 주는 나무가 일생을 마치며 지상에 토해내는 마지막 향기라는 대목에 고개를 끄덕이시기도 한다. 그리고 내가 내 자식을 사랑하듯이 어머님도 당신의 자식을 사랑하신다.

모차르트의 열세 번째 세레나데를 낮게 틀어 놓은 채 아침밥을 짓고 있다. 고슬고슬한 밥과 진밥 사이의 절묘한 경계선쯤으로 밥물을 어림잡기 위해 애를 쓰는 중이다. 모차르트는 귀여운 테마를 주고받는 1악장을 지나 꿈처럼 감미로운 안단테의 2악장을 연주하는 중이고 어머님은 뒤뜰에 계시다. 빈 나뭇가지 사이에 손자가 남긴 빵조각을 끼워 놓은 채 새를 기다리고 계신 것 같다. 눈이라도 쏟아지려는지 우물 속처럼 깊어 있는 하늘은 박태기나무 꼭대기까지 내려와 있고 어머님이 기다리시는 새는 좀처럼 날아들지 않고 있다.

집

 렘브란트는 네덜란드의 풍차 방앗간에서 가난한 제분업자의 아들로 태어났다. 어린 렘브란트에게 풍차는 요람과 같은 것이었다. 바람이 불어와 풍차의 날개가 빙글빙글 돌아갈 때마다 방앗간 안은 빛과 그림자들이 번갈아 가며 춤을 추었다. 그리고 시시각각 변하는 그 빛과 그림자의 이미지는 훗날 그의 그림에 절묘한 명암으로 표현되고 그를 빛과 어둠의 마술사라 불리는 세계적 미술의 거장으로 키운다.

 누구에게나 유년기를 보낸 집이 있다. 대체로 그 집은 남루했지만 그리움을 느끼게 하는 장소이다. 내 유년기를 보낸 집은 할아버지께서 혼인하시면서 직접 지으신 집이었다. 동향의 안채와 남향의 사랑채엔 각기 방이 두 칸씩이었고 방마다 창호지를 뚫고 들어오는 햇볕이 고왔다. 물려받은 집은 함부로 해도 손수 지은 집은 아까워 문지방도 베고 눕지 않는다는 옛말처럼 할아버지는 그 집을 무척 아끼셨다. 농사일이 끝나고 나면 흙손을 들고 굴뚝 모퉁이며 내려앉은 토방의 여기저기를 보수하셨다. 앞산의 풍경을 고즈넉하게 걸친 채 찔레 넝쿨이 얽혀 피던 돌담도 심한 장마가 지나가면 배를 불룩 내민 채 할아버지의 손길을 기다리곤 했다. 할아버지의 칠십칠 년, 그 생을 마감하신 곳도 바로 그 집이었다.

내 기억 속의 두 번째 집은 읍내에 있는 작은 기와집이었다. 그 집을 생각하면 어머니와 외할아버지가 산길에서 남몰래 만나던 쓸쓸한 풍경이 먼저 떠오른다. 비밀스러운 추억을 만들며 모은 돈은 외가 동네에 세 마지기의 논을 사게 해주었고 외할아버지께서는 그 논을 손수 지어 불려주셨다. 논은 다섯 마지기가 되고 일곱 마지기가 되어 훗날 읍내로 이사 갈 때 그 빨간 기와집을 구입하는 데 큰 몫을 하게 된다. 언젠가 갑자기 내린 소나기에 옷이 함빡 젖어 계시기도 했던 외할아버지를 회상하며 눈자위가 붉어지시던 어머니……. 산등성이를 넘던 외할아버지의 모습이 어머니 마음에 걸려 있듯 내게도 산길을 바삐 내려오셨을 어머니 모습이 마음에 걸려 있다.

그 집에 대한 어머니의 사랑도 대단하셨다. 마루는 언제나 반들거렸고 깨끗한 빨래가 가득 걸렸던 빨랫줄 밑엔 채송화나 봉숭아 같은 일년초들이 머리핀처럼 수줍게 피어 있었다. 그 집을 떠올리면 삶이 팍팍할 때마다 내뱉던 어머니의 한숨 소리가 들리는 것 같다. 한겨울에도 잎사귀를 땅바닥에 바짝 붙이고 겨울바람을 견뎌 내는 지칭개, 어머니의 삶은 그 지칭개와 많이 닮아 있었다.

읍내의 그 빨간 기와집엔 방이 세 칸이었지만 우리 식구가 쓸 수 있는 건 두 칸뿐이었다. 하숙생이나 친척, 혹은 연탄을 아끼기 위해서 비좁은 방 하나를 동생들과 함께 써야 했다. 중학생이 된 나는 한 이불 덮는 동생이 귀찮아서 이불에 팔뚝금을 그으면서 짜증을 냈다. 형제들이 좁은 방을 가지고 툭탁거릴 때마다 어머니는 혼잣소리처럼 이야기하시곤 했다. "그리운 날이 온단다. 그리운 날이 오고말고. 너희들 다 모여 하룻밤만 같이 자보는 게 소원이 되는 날이 온단다."

시골집에서는 온종일 둔덕이나 고샅에서 노느라 밥 먹을 때와 잠잘 때만 집으로 찾아들던 두 살 아래 남동생과 나는 같은 중학생이라는 이유로 방을 나눠 썼다. 훗날 서울살이도 같이했다. 게처럼 옆걸음을 쳐야 돌아들어 갈 수 있었던 방, 걸어 놓은 옷이 팔락거릴 만큼 웃풍 세던 방, 걸핏하면 하얗게 식어 버리던 연탄아궁이, 동생은 서울을 싫어했다. 방 한 칸을 책장으로 나눠 쓰며 찬 윗목 쪽에서 잠들던 동생이 가엾었다. 새우잠을 자고 일어나 푸덕푸덕 찬물을 얼굴에 끼얹으며 새벽잠을 쫓은 동생은 삐이걱- 아무리 조심

해도 날카로운 소리가 나던 자췻집의 양철 대문을 빠져나가 곤 했다. 학교 도서관을 향해 가는 동생의 발자국이 골목 끝으로 사라져 가는 소리를 들으며 돌아누우면 이유 없는 서러움이 목에 걸리기도 했다. 서울이라는 도시에 쉬이 정이 들지 않았다.

 동생은 그렇게 싫다던 서울살이에 어찌어찌 정이 들었는지 서울의 제법 번잡한 자리에 치과를 개업했고 지금은 머리 희끗한 중년 치과의사로 늙어가고 있다. 가끔 한국으로 늦은 밤 시각, 살짝 취기가 오른 목소리의 남동생이 전화를 걸어올 때가 있다. 탱자나무 가시에 무궁화꽃을 끼워 만든 바람개비를 내게 내밀 때처럼 불쑥, 전화를 건 동생은 또 별 하는 말도 없이 전화를 끊는다. 동생의 전화 한 통은 내 가슴에 아직 시들지 않은 꽃 바람개비를 돌려 준다. 그런 밤이면 동생도 어머니의 혼잣소리처럼 형제가 다시는 같이 잠들 수 없는 그 비좁은 방을 기억하며 잠이 들 것이다.

 렘브란트가 유년의 집에서 빛과 어둠의 조화를 얻었다면 나는 그 유년의 집에서 삶의 순리, 혹은 기다림 같은 걸 배웠다. 어릴 적 살던 그 집, 그 산천에서 보았던 꽃들은 옅은 색부터 피기 시작해 짙은 색으로 변하며 계절이 갔다. 어두움이 내리면 새들이 우는 순서도 정해져 있었다. 뱁새, 박새, 굴뚝새 같은 작은 새들이 집 가까이에서 울기 시작했고 어둠이 짙어지면서 까치나 산비둘기 소쩍새 같은 산새들이 울기 시작했다. 내 정서 깊숙이 잠재해 있던 그 풍경들은 가파른 삶의 길을 에둘러 돌아가는 법을 가르쳐 준다. 낮은 하늘은 낮게, 높은 하늘은 높게 날아가는 법을 가르쳐 준다.

최소한의 가구로 공간의 미학이 있었던 그 집은 너무 많은 것을 욕심내고, 들여놓고 쓸데없는 것을 쫓아 바쁜 내 일상의 숨을 고르게도 해 준다. 그 집은 바흐의 무반주 첼로 연주곡처럼 간결했으나 내 삶에 긴 울림을 준다.

내 삶이 이유 없이 팍팍해지는 날이면, 나는 그 집으로 간다. 우두커니 빈 방에 앉아 있어 보기도 하고 햇살 속 툇마루에 앉아 보기도 한다. 마당에 찍혀 있는 내 어린 날의 작은 발자국을 찾아보기도 하고, 아홉 살의 봄날에 뚝뚝 분질러 꽂아둔 마당가의 진달래 꽃가지의 안부를 확인하기도 한다. 마침내 그 집이 따뜻한 기척으로 내 등을 쓰다듬어 주기 시작하면 나는 타박타박, 다시 길을 떠난다.

지우산

 내가 아주 어렸을 적에는 지우산이라는 게 있었다. 단단한 때죽나무로 꼭지를 만들고 대나무를 잘게 쪼갠 댓개비로 살을 만든 다음 한지에 들기름을 발라 만든 우산이었다. 초등학교 다닐 때 비가 오는 날이면 할머니께서는 그 우산을 들고 맏손녀인 나를 들판 중간쯤에서 기다리곤 하셨다. 하교 무렵에 난데없이 비가 내리면 대개의 시골 친구들은 망설일 것도 없이 누구를 기다릴 것도 없이, 그 장대비 속으로 달음질쳤다. 마치 들판에 퍼붓는 비를 기다렸다는 듯, 이까짓 비가 대수냐는 듯 친구들은 흩어지는 새 떼처럼 빗속으로 날아갔다.
 읍내에서 태어나 초등학교 들어가는 해에 할머니 댁으로 이사를 했다. 같은 해에 하나뿐인 고모를 시집 보내고 막냇삼촌을 군에 보낸 할머니의 맏손녀 사랑은 대단했다. 친구들이 빗속으로 달려가고 혼자 서 있기 민망해진 나는 그 친구들 흉내를 내어 들판으로 내달려 보았다. 들판 중간쯤에서 만난 할머니의 손에는 지우산이 들려 있었다. 할머니는 이미 반쯤은 비에 젖어 있었고 늘 할머니의 베옷에서는 쉰 밥풀 냄새 같은 게 났다. 빗물이 스민 지우산에서도 들기름 냄새가 났다.

책보를 받아 든 할머니는 뒤서고 난 앞서서 들길을 갔다. 들길은 송사리 떼가 사는 봇도랑을 끼고 나 있었다. 그 봇도랑은 봄이면 하얀 싸리 꽃잎을 실어 나르고 여름이면 황토 빗물을 실어 내며 온 동네 농사를 짓게 했다. 비가 내리면 우리 집이 있는 마을은 더욱 멀게 느껴졌다. 어느새 초가들은 뽀얀 물안개에 젖어 있었고, 우산 없이 달음박질친 친구들은 마을 입구에 먼저 도착해 가는 게 보였다. 질척해진 진창길이 할머니의 흰 고무신과 내 작은 신발을 잡아당기며 장난질을 쳐댔고 밀짚모자를 삿갓처럼 눌러쓴 농부들의 허리께까지 새들이 낮게 날아다녔다.

몸이 흠빡 젖어 대문간에 들어서면 한여름에도 오소소 한기를 느끼고 나는 가끔 신열이 나며 아프기도 했다. 그럴 때마다 같은 학교 선생님이신 아버지의 자전거 뒷자리가 아쉽다 못해 심술이 났다. 빈 양은 도시락이 차지하던 그 자전거 뒷자리에 딸아이 하나만을 달랑 싣고 오지 못하셨던 아버지는 아이들은 여름비에 키가 크는 법이라는 매정한 말씀만 몇 번 하셨다. 아버지의 그 깊은 속내를 알기까지는 오랜 세월이 걸렸다.

내가 세 아이를 키우며 학교에 데려다주고 데려온 세월을 꼽으니 십칠 년이 넘었다. 아직도 막내를 데려다주는 일이 종종 있다. 어쩌다 비라도 내리는 날이면 사람들은, 아니 나는 아이가 비를 덜 맞게 하려고 좀 더 이른 시각에 학교 앞에 도착해 건물 가까이 기웃거린다. 요즘 아이들은 비 맞을 일이 없다. 그래서 맑은 날의 고마움을 모를지도 모른다. 우산 쓸 기회가 없는 아이들은 우산의 온기나 우산의 낭만, 우산의 정서 같은 건 모르리라.

지우산이 없어지고 나는 다시 소읍으로 나와 여중생이 되었다. 교문 앞에 우산을 들고 서 계시던 분은 할머니에서 어머니로 바뀌었다. 어머니는 늘 새 우산, 좋은 우산은 딸을 위해 접어든 채 낡거나 우산살 하나 정도가 부러져 있던 우산을 쓰고 계셨다. 언제나 우리의 어머니들은 낡고 헌것만 차지하셨다.

장마에 식구들을 빗물로부터 보호해 주었던 우산들은 맑은 해가 뜨는 날이면 두 개의 빨랫줄 사이에나 키 큰 칸나가 보초 서던 꽃밭 앞에 펼쳐 말렸다. 여름 햇빛에 탱탱하게 마른 우산들은 곱게 접어 다음 우기를 기다리며 깜깜한 창고에 갇혔다.

우산에 대한 다음의 기억은 하늘색 비닐우산에 멎는다. 첫사랑과 어줍은 데이트를 하던 기억이다. 찻집에서 만나 이야기하다 나왔는데 갑자기 비가 내렸다. 우리는 길거리에서 비닐우산을 구입했다. 지금은 보기 힘든 하늘색 비닐우산이었다. 어색하게 펼쳐 든 비닐우산은 두 어깨를 가리기엔 좀 작은 감이 있었다. 그렇게 가까이 접촉해 본 일이 없는 두 사람은 좁아진 공간이 신경 쓰여 어색하게 걷기만 했고 우산 속으로 빗소리만 토닥거렸다. 대학교에 들어가고 새로 산 구두 때문에 발 뒤꿈치가 아팠지만 두 사람은 말없이 걷고 또 걸었다. 걷다가 다시 조그만 찻집 앞에서 우산을 접었다. 우산살이 훤히 들여다보이는 비닐우산에 하얀 벚꽃잎들이 묻어 있었다. 첫사랑은 하늘색 비닐우산을 닮았다. 온전히 비를 가릴 수 없는 우산이었지만 누구나의 가슴에 맑은 풍경처럼 하나씩 접혀 있기 때문이다.

요즈음 아이들은 여름비를 맞지 않아도 키가 잘 큰다. 우산 속이 아니어도 첫사랑은 지나갈 것이다. 아버지께서 여름비와 키를 연관시켜 말씀하신 것이 진실인지 아닌지 난 아직도 모른다. 하지만 그 비 내리던 들판에서 만난 느리게 지나가던 풍경이 나를 자라게 했다. 할머니의 지우산 사랑이 전해지던 그 들길에서 나는 나무처럼 장대비처럼 자랐다. 반쯤은 젖고 반쯤은 빗물을 가려주던 그 우산이 그립다. 부서진 지우산의 댓살로 고추 모종의 지지대를 만들어 주며 채마밭을 오가시던 할머니의 치마폭이 그립다. 지나가는 소나기인지 손녀가 돌아올 때까지 내릴 비인지 구분하기 어려워 지우산 들고 조촘조촘 들판을 건너오시던 할머니의 모습이 눈에 선하다.

지우산도 하나 없이 장대비 속으로 달려 나갔던 내 가난하던 친구들은 어디서 살고 있을까. 싸리나무로 만든 사립문 너머로 집 안이 훤하게 들여다보이던 집에서 살던 그 친구는 지금 어디서 살고 있을까. 풋자두와 보리 누룽지를 수줍게 내밀어 주던 그 친구는 잘 살고 있을까. 나 혼자 메고 다니던 빨간 가방을 막대기로 툭툭 치며 두부 장수라고 놀리던 그 까까머리 동창의 이름은 잊어버린 지 오래다. 나보다 여름비를 더 많이 맞고 자란 그 친구들은 지금쯤 사회 이곳저곳에서 하나씩 큰 우산이 되어 있으리라. 빗장 지를 줄 모르는 넉넉한 마음으로 주위 사람들을 품어 주며 사람들의 머리 위로 내리는 빗물을 가려 주는 큰 우산 같은 사람들이 되어 살아가고 있을 것이다.

하지감자

 활동량이 별로 없으신 채 집에만 주로 계신 친정아버지께 입 동무를 해 드리고자 전화를 걸면 자주 절기 이야기를 하시곤 한다. 오늘은 씨뿌리기를 시작한다는 망종과 장마가 시작된다는 소서 사이에 끼어 있는 하지에 대한 말씀이 길으셨다. 밤의 길이가 가장 짧은 계절이니 일찍 잠자리에 들어 하루의 피로를 풀고 내일을 맞으라시며 왕년의 선생님답게 차곡차곡 절기 설명을 하셨다. 낮의 길이가 가장 길어 메밀 파종이며 감자 캐기, 보리타작 등 일 년 중 제일 바쁜 일 처리를 할 수 있는 절기인데 일하는 큰딸이 안타까워 짧아지는 밤의 길이로 역설하시는 아버지의 속마음이 엿보였다.

 인생의 절기로 치면 얼음이 얼기 시작하는 소설쯤에 서 계신 아버지의 고즈넉한 시간이 염려되어 드린 전화이니 알고 있던 내용까지 몰랐던 척 아버지의 절기 강좌를 경청했다. 허물 벗은 듯 삶의 일선에서 조용히 뒤로 물러앉은 아버지가 체기처럼 가슴에 자주 걸리곤 하는 내 나이도 인생의 절기로 치면 일기 차가 심한 처서나 이슬이 내리기 시작하는 백로쯤에 서 있는 게 아닌가 싶다.

절기 이야기를 들어서인지 마켓에 갔던 길에 감자를 사 왔다. 감자를 구워 아이들을 부르니 버터와 치즈부터 먼저 찾는다. 감자의 고유한 맛을 모르는 아이들은 치즈와 버터를 뒤섞어 감자 범벅을 만든다. 덤덤하나 하얀 분에서 나는 포슬거리면서 달착지근한 감자의 맛을 모르는 아이들에게 감자의 제맛을 가르치지 못한 게 내 탓은 아닐까 싶은 생각이 든다. 부드럽고 하얀 분이 나는 맨 감자를 한 입만 먹어보라고 채근하는 엄마와 감자의 본래 맛은 온데간데없어지고 느끼한 감자 범벅을 한 스푼 권하는 아이들 사이에 안타까운 스푼 싸움이 벌어진다.

한국말이 좀 서툰 막내가 그건 엄마 감자 맛이고, 이건 우리 감자 맛이라며 휴전을 선언했다. 가미된 맛을 먼저 안 아이들이 감자의 제맛을 알 리 있겠는가. 아이들의 입맛이 자연의 맛을 알고 삶의 맛을 알 때까지 얼마나 많은 쓸데없는 맛을 맛보아야 할까. 나물의 쌉싸름한 맛과 물의 깨끗한 맛, 야채의 단맛을 느끼기까지는 오랜 시간이 지나야 할 것이다. 자연 그대로의 맛을 알 때쯤에야 삶의 맛도 알게 되는 것 같다는 나의 주장은 다소 억지스러운 것일까.

내가 어릴 적 살던 고향에서는 감자를 하지감자 혹은 마령서라고도 했다. 아버지께 여쭤보니 하지 무렵에 수확을 하기 때문에 하지감자이고 감자를 캘 때 보면 땅속에서 줄줄이 딸려 나오는 모습이 말의 목에 다는 방울 같아서 마령서라고 부르기도 했다 한다. 감자는 장마가 시작되기 전, 그러니까 여름이 깊어지기 전에 수확을 해 보릿고개를 넘긴 가난한 사람들에게 여름 먹을거리로 한몫을 톡톡히 했다. 시골 사람들은 한 집도 빠짐없이 감자를 심었던 것 같다. 우리 집은 저수지 근처의 산밭에 감자를 심었다.

할아버지는 이른 봄이 되면 씨감자를 꺼내 놓고 감자의 씨눈을 따내셨고 삼태기에 재를 담아 오신 할머니는 토막 낸 감자의 단면에 상처를 달래주듯 골고루 고운 재를 바르셨다. 두 분은 씨눈이 두세 개씩 달린 씨감자들을 싸리 망태에 담아 들고 산밭으로 가셨다. 할아버지가 조그맣게 구덩이를 파면서 앞으로 옮겨가시면 할머니가 그 뒤를 따라다니시며 그 구덩이에 자른 감자를 하나씩 넣고 흙을 덮으셨다.

감자는 집 가까이 남새밭이나 텃밭, 혹은 구릉지나 비탈에 있는 밭에서도 잡초만 골라내 주면 잘 자랐다. 그리고 유월이 되면 꽃을 피웠다. 잎겨드랑이에서 꽃대가 쑥 올라와 하나의 꽃이 피고 그 주위의 가지 끝에 다시 꽃을 피우는 꽃차례를 가진 꽃이었다. 잘못 그린 별 모양처럼 생긴 다섯 잎의 하얀 꽃잎은 조글조글 주름이 져 있었고 가운데엔 노랑 꽃술이 톡 튀어나와 있었다.

  할머니는 감자가 실하게 들지 못한다며 꽃 목을 따내 밭고랑에 던지시기도 했다. 할머니가 싫어하시는 망초처럼 감자꽃도 할머니가 싫어하시는 꽃이었다. 아이들 사이에서는 계란꽃이라 부르고 어른들 사이에선 밭을 망하게 하는 풀이라서 망초꽃이라 부르던 그 꽃은 할머니 눈에 띄는 날이면 뿌리째 뽑혀 비명횡사해야 했다. 먹을거리가 모자라던 시절에 할머니의 관심사는 온통 가난한 밥상을 채우는 일뿐이었을 것이다. 산야에 피고 지는 꽃들의 어여쁨보다는 그 밑동이나 줄기 어디쯤 매달려 있는 먹을거리가 우선이었으리라. 할머니의 속마음을 알 리 없는 어린 나는 밭고랑에 던져 있는 감자꽃이 불쌍하기만 했다. 감자꽃은 흰색도 있었고 자주색도 있었다. 사람들은 소쩍새가 울 때마다 하얀 감자꽃과 자주 감자꽃이 번갈아 피어난다고 했다.

  감자밭에 쪼그리고 앉아 할머니의 허리가 펴지길 기다리는 일은 참 지루했다. 산 그림자가 저수지 깊숙이 잠길 때쯤에야 허리를 일으키신 할머니를 따라 집으로 내려왔다. 고샅길이나 들길에선 손녀를 늘 앞세우셨던 할머니가 산길에서만은 뒤따라오게 하셨다. 혹시 뱀이 나올지도 모르는 산길의 위험 때문이었다. 타박타박 할머니를 따라 산길을 내려오다 보면 할머니의 눈길을 피해 핀 망초꽃들이 내 작은 종아리를 간질대며 장난질을 해댔다.

하지 무렵이 되면서 수확하기 시작한 하지감자는 밥 위에 얹어 쪄서 밥풀을 묻힌 통감자로 혹은 밥 반찬이 되어 사람들에게 포만감을 선물했다. 감자 반찬을 만들기 위해 달챙이 숟가락으로 감자 껍질을 박박 긁어내는 어머니 곁에 바짝 다가앉았다가 감자 즙이 튀어 하얀 깨곰보가 되었던 기억도 있다. 먼저 수확한 집이 감자를 찌면 식기 전에 소반에 담아 옆집 담으로 넘겨주며 첫 수확을 나눠 먹던 미풍양속도 있었다.

포슬포슬 분이 나던 하지감자의 추억, 한여름 밤에 마당 위 멍석에서 감자를 까먹으며 올려다보던 하늘의 별들은 소금을 뿌린 것처럼 긴 띠로 늘어서 있었다. 포만감을 안고 멍석 위에 벌렁 누워 하늘을 바라볼라치면 어김없이 들려오던 개구리 울음소리는 논둑을 무너트릴 것만 같이 요란스러웠다. 별과 개구리 소리 속에 빠져 잠이 들라치면 가물거리는 은하수의 무리는 눈까풀에서 멀어지고 시끄럽던 개구리 소리도 귓전에서 멀어졌다. 다시는 느낄 수 없었던 그날 밤 행복한 잠으로의 추락, 그 달콤했던 기억은 잊히지 않는다.

  감자에 대한 또 하나의 추억은 할아버지와 함께 감자를 삶다가 증발해 버린 주황색 플라스틱 바가지 사건이다. 할머니와 어머니가 오일장에 가신 어느 날, 심심한 하오의 시간을 견디지 못한 아홉 살의 어린 나는 감자를 삶아보기로 했다. 가마솥에 물을 붓고 씻은 감자를 넣었다. 솥뚜껑을 덮으려다 할머니나 어머니가 감자 찔 때면 솥 안에 밥사발 같은 걸 엎어놓던 생각이 났다. 그래서 물을 퍼온 주황색 바가지를 솥 가운데에 엎어 놓고 할아버지께 불을 때달라고 했다. 어린 손녀의 청에 할아버지는 활활 기세 좋은 불을 마냥 넣어 주셨다. 감자 타는 냄새가 나는 것 같아 솥뚜껑을 열어보니 탄 감자가 반수이고 분명 솥 가운데에 엎어 놓았던 바가지가 없어져 버렸다. 대신 물기가 졸아버린 솥 바닥에 형체 없이 녹아버린 플라스틱 덩어리 하나가 감자 흉내를 내고 앉아 있었다. 장에서 돌아오신 어머니는 입을 가린 채 웃으시기만 하고 할머니는 아까운 플라스틱 바가지에 대한 미련을 놓지 못하시고 오그라진 바가지를 자꾸 만지셨다.

  오랜만에 맛본 포슬대는 감자 한 알은 잊고 있었던 감자에 얽힌 여러 가지 추억을 생각나게 한다. 동네 악동들과 같이 감자 서리에 나섰다가 아버지한테 날감자 맛보다 훨씬 아린 회초리를 맞던 남동생도 생각난다.

감자에 관한 숱한 추억의 중심에는 할머니가 계신다. 가난하던 시절을 밭둑에서 사느라 감자꽃처럼 쪼글쪼글하던 얼굴, 반쯤 접혀 있던 허리, 종잇장처럼 얇아진 육신에 유난히 총총하던 정신을 놓고 돌아가신 할머니는 바로 그 저수지 근처의 종산에 묻혀 계신다. 안개가 짙게 내려앉던 그 저수지는 지금도 하오가 되면 여전히 산 그림자를 품고 있으리라.

할머니 무덤 밑 감자밭은 묵정밭이 된 지 오래다. 그때처럼 감자꽃은 피지 않겠지만 지금도 그 산속에는 소쩍새가 깃들어 살고 있을 것이다. 소쩍 소쩍쩍, 구슬픈 목소리로 할머니 무덤에 말을 걸고 있을지도 모르겠다.

냇물이 바다에서 다시 만나듯

　이월이 되면 문득 흥얼거려 보는 노래가 하나 있다. 나이 들면서 하강 속도가 빨라져 버린 기억력의 끈을 툭 끊고 튀어나오는 한 소절의 노래가 참 뜬금없다. 허술한 햇빛이나 메마른 바람이 부는 이월의 풍경과 연계되어 찾아오는 것 같다. 빛나는 졸업장을 타신 언니께로 시작되는 졸업식 노래다.

　윤석중 작사의 이 노래는 중년 이후의 한국인이라면 누구나 알고 있는 노래이다. 각 학교의 졸업식은 이월의 말미에 치러졌다. 바람의 악기인 풍금의 전주가 흐르고 나면 1절은 재학생이 부르고 2절은 졸업생이 불렀으며 마지막 절은 함께 불렀다. 여지없이 눈물이 동반되는 노래였다. 내가 졸업한 작은 산읍의 초등학교에서는 그 졸업장 하나가 유일한 아이들도 많았다. 냇물이 바다에서 다시 만나듯 우리들도 이다음에 다시 만나자는 마지막 소절은 어린아이들에게 추상적인 가사로 여겨졌다. 다시 만날 수 없으리라는 뜻으로 이해되었다.

졸업장 하나를 돌돌 말아 쥐고 우리들은 헤어졌다. 이별이 무엇인지 이별의 인사는 어떻게 하는지조차 알지 못했던 아이들은 학교 앞 삼거리에서 열없는 표정으로 헤어졌다. 아니 흩어졌다는 말이 맞을 거다. 몇몇은 나와 함께 냇물 건너 들판 길로 접어들고 더러는 신작로를 따라 더 걸어가다 이쪽저쪽 산기슭이나 들판으로 나뉘어 갔다. 한참을 걷다가 들판을 훑어보면 저 멀리 친구들의 모습이 가뭇하게 멀어져 가는 게 보였다.

일곱 살의 나는 초등학교 교사이신 아버지를 따라 그 산읍으로 갔다. 전기도 들어오지 않는 고요한 동네였다. 풍경과 풍경 사이에는 물이 흐르고 있었고 그 물 따라 조붓한 길들이 따라다니는 곳이었다. 발바닥 밑으로 납작한 질경이가 밟히던 그곳에서 내 감각의 원초가 만들어지고 지각의 뿌리가 내려졌다. 삶은 무수한 사라짐 위에 세워지는 것이었지만 그 들판이나 초가들이 만든 풍경은 내 가슴에서 사라지지 않고 있다. 이제 그 흙길도 초가도 거기 없다는 것을 확인했는데도 여전한 풍경으로 남아 있다.

초등학교를 졸업하고 이사해 간 읍내는 백마강이 휘돌아 나가는 곳에 자리하고 있었다. 강물이 흘러 바다로 가듯 도시로, 다시 더 큰 도시로 옮겨가며 살던 나는 마침내 태평양 건너의 땅으로 옮겨와 늙어 가고 있다.

몇 년 전 내게 냇물이 바다에서 다시 만나는 일이 일어났다. 그때도 이월이 끝나갈 무렵이었다. 바느질하는 사람을 구한다는 광고가 나간 직후이기도 했다. 겨울 저녁나절의 성근 햇빛을 등에 지고 낯선 사람이 출입문을 열고 들어왔다. 몇 마디 대화가 오가면서 느린 말투와 단조로운 억양으로 보아 충청도가 고향이라는 것 정도는 금방 알아챌 수 있었다. 고향과 나이를 묻는 우리네 촌스러운 정서의 수순을 밟았다. 나이와 동네 이름이 밝혀지는 순간 끼익, 하고 뿌연 먼지를 일으키며 완행버스 한 대가 두 사람 앞에 멈추어 섰다. 묻고 대답하는 사이 그 버스는 기억의 공통분모를 모터 삼아 덜컹거리며 산모퉁이를 끼고 내달렸다. 겨우 한 학년에 두 반뿐이었던 그 산읍의 작은 초등학교에서 같이 공부한 동창이었다. 무채색의 이월 들판에서 왼쪽 풍경으로 점점이 멀어지던 친구였다. 말수가 적던 친구였다. 반백 년이 지나 만난 초로의 두 아줌마는 서로의 얼굴이 낯설어 갸우뚱거리며 쳐다보기를 반복한 뒤 껴안았다.

그날 이후 친구와 나는 같은 천장 밑에서 일을 하며 마저 늙어 가고 있다. 친구는 졸업하자마자 서울로 올라가 열세 살부터 바느질을 배우기 시작했다. 손 박음질이 재봉틀보다 더 섬세하다. 친구는 영어 대신 따뜻한 미소와 손짓으로 손님들에게 인사를 건넨다. 늘 고개 숙이고 앉아 손님에게 맞는 사이즈로 변형시켜 주고 한땀 한땀 정교한 솜씨로 옷의 상처를 매만져 주는 일에 행복해 한다.

오전 일과가 끝나고 나면 같이 점심을 먹는다. 조개탄 난로에 덥힌 밥을 먹은 뒤 오십 년 만에 다시 나눠 먹는 밥은 달고 재미지고 눈물 난다. 솜씨 좋은 친구는 맛난 반찬을 내 밥 위에 얹어 주며 전설 따라 삼천리에 버금가는 유년기의 이야기를 들려준다. 친구는 엄마를 일찍 여의고 땅 한 마지기 없는 빈촌의 할머니에게로 간다. 할머니를 도우며 웃자란다. 고사리 꺾으러 올라간 산에서 방향을 잃고 해 저물어 어두운 산길을 헤매면서도 손에서 놓지 않았던 고사리 이야기가 아프다. 열 살배기 아이는 시집간 고모 집에 가서 콩 보따리를 얻어 머리에 이고 시오리 신작로를 타박타박 걸어서 온다. 버스가 지나가면 먼지에 감춰진 채 갓길에 멈춰 섰다 다시 타박거린다. 손에는 고모가 준 버스 삯을 꼬옥 쥐고 있다. 보따리에 눌린 목이 아플수록 그 돈을 할머니에게 내밀 생각으로 걸음이 빨라진다.

우리는 누구나 처음에는 냇물의 시간을 살았을 것이다. 도돌이표처럼 맴도는 송사리 떼가 살던 냇물은 바닥을 내보이며 흘러가는 순한 물길이었다. 큰비가 내리면 길을 잃기도 했지만 물풀에게 말 걸고 돌멩이들에게도 길을 내주며 돌돌 돌 소리 내며 흘러갔다. 돌이켜보면 삶은 좁은 냇물이 더 큰 물살에 합해져 강이 되었다가 향방 모를 바다로 가는 여정과도 같은 것이었다. 강은 깊어지는 것을 목적으로 냇물들이 싣고 온 저마다의 기척을 가라앉히며 흘러갔다. 마침내 다다른 넓은 바다는 서로 다른 물들이 이입되어 개별성을 잃어버린 채 뒤척이는 곳이었다. 지금 나는 하루에 한 번씩 하늘과 맞닿은 경계에 석양의 붉은 위로가 내려앉을 뿐인 무료한 바다에 살고 있는 것 같다. 지나간 시간이 그리우면 가끔 해안으로 밀려가 무언가에 부딪쳐 포말을 만들어 본다. 농담처럼 산 중턱으로 내려앉는 산안개나 빗줄기 같은 시원을 상상해 보며 하늘 가장자리로 하얀 포말을 쏘아 올려 본다.

다시 이월은 찾아왔고 차갑고 마른 바람이 불고 있다. 며칠째 떠나지 않고 맴을 도는 저 바람은 혹여 반백 년 전 그 들판에서 우리의 머리칼을 지나간 그 바람이 아닐까? 두 줄기 냇물이 다시 만났다는 풍문을 듣고 찾아온 걸까? 헐거운 저녁 햇빛이 안녕을 고하려는 시각, 오늘도 친구는 돌돌돌 그 속내 깊던 냇물 소리를 흉내 내며 재봉틀을 돌리고 있다.

제4부

석양은
　　다시
　지는데

접시꽃이
피었다
지면

"옥수수 잎에 빗방울이 나립니다/ 오늘도 또 하루를 살았습니다/ 낙엽이 지고 찬바람이 부는 때까지/ 우리에게 남아 있는 날들은/ 참으로 짧습니다"

─「접시꽃 당신」 중에서

"희망이 있는 싸움은 행복하여라/ 믿음이 있는 싸움은 행복하여라/ 온 세상이 암울한 어둠뿐일 때도/ 우리들은 온몸 던져 싸우거늘/ 희망이 있는 싸움은 진실로 행복하여라"

─「암병동」 중에서

도종환 시인의 숱한 싯구절 중에서 위의 구절들을 붙잡고 지난 한 달간 참 많이도 울었다. 내 앞으로 여름 장마가 한 번 지나가고 접시꽃이 한 번 더 피었다 질 때쯤이면 맞닥뜨려야 할 이별 때문이었다. 아버지가 말기암 선고를 받으셨다. 아버지가 갈아엎고 씨를 뿌린 묵정밭에는 꽃이 피고 드문드문 씨앗도 여물어 가는데 아버지께서는 떠날 준비를 하신다고 한다. 언제까지나 우리 곁에 비스듬한 언덕처럼 묵묵히 버티고 있을 줄 알았는데 이별해야 할 시간이라고 한다. 철없는 우리가 어설프게 꽃 피우고 열매를 맺는다고 수런거리는 일을 지켜보아 주실 줄 알았는데 바람처럼 아버지는 그렇게 떠나실 채비를 하신다고 한다.

초등학교 교단에서 사십 년 넘는 세월을 보내시고 퇴직한 아버지의 두 번째 직업은 중풍 드신 어머니의 뒷수발이었다. 칠 년 세월, 반 편의 육신만 남아 있는 어머니의 곁을 하루도 비우지 않으시던 아버지께서 얼마나 외로우셨는지는 어느 날 훔쳐본 베란다의 빈 소주병들이 대신 말해 주었다. 슬그머니 바람 찬 뒷베란다로 나가셔서 졸금졸금, 소주를 따라 마시던 아버지의 뒷모습을 뵌 적이 있다. 당당하던 어깨는 어디로 가고, 가을 운동장을 호령하시던 그 목청은 어디로 가고 술 한 잔을 털어 넘기시는 아버지의 뒷모습은 작고도 초라했다. 공벌레처럼 웅크리고 잠이 드신 아버지를 바라보다가 베란다로 나가 더러는 비어 있고 더러는 채워 있는 이홉들이 소주병을 확인하는 내 가슴으로 바람이 지나갔다. 삶의 뒤안으로 나 앉은 아버지를 닮은 이홉들이 소주병과 그 아버지의 독한 슬픔을 닮은 무색 투명한 액체를 한참이나 들여다보다가 나는 쓸쓸히 돌아섰다.

아버지는 내게 추억을 찾아가는 길목에서 펼쳐 보는 옥편이었다. 글을 쓰다가 아슴프레하고 분명치 못한 기억이 있으면 또르르 전화를 걸었다. 아버지는 그런 내 전화를 받고 이것저것 설명해 주시는 걸 즐겨하셨다. 할머니는 왜 하얀 감자꽃을 따내셨느냐, 질문하면 열매를 실하게 맺기 위해서라는 짧은 대답 대신 별 모양을 한 감자꽃의 생김새에서부터 감자 긁던 반달 놋수저로, 배고프던 날에 감자를 먹고 누워서 듣던 개구리 울음소리까지 보너스 설명이 더 길으셨다. 날씨가 많이 춥쥬? 인사를 건네면 이까이 꺼는 추운 게 아니라시며 영하 3도 이하로 내려가야지만 조개탄 무쇠 난로를 땔 수 있었던 그 해 겨울의 학교 이야기를 하시기도 했다. 이어서 솔방울, 민둥산이 된 내력, 상수리를 많이 따내기 위해 나무에 상처를 내던 이야기까지 아버지의 보너스 설명은 밤이 깊어 가는 줄 모르고 계속되었다. 아버지의 목소리가 노곤하게 잠겨 들면 이제 그만 주무시라 하여도 졸리지 않다 하셨다. 일찍 자면 새벽에 잠이 깨져 고통스럽다 하시던 아버지가 지금은 진통제에 취해 밤이고 낮이고 잠만 주무신다 한다.

이제 나는 그 옥편을 잃어버리게 되었다. 이미 통화하던 전화선은 빈집만 울리고 아버지는 병원으로 옮겨졌다. 유월의 초입, 나무와 꽃들은 지치도록 푸른 물길을 끌어올려 잎을 피우고 꽃을 피울 때 아버지의 혈관과 아버지의 장기는 시들어 가고 있다. 병원에 누우신 채 연신 "미안하다 미안하다"를 반복하시는 아버지, 무엇이 그리 미안하시다는 건지 혼곤한 잠의 나락으로 떨어지면서도 미안하다는 말씀을 길게 끌고 들어가신다.

내 유년의 기억 속에서 아버지께서는 언제나 자전거를 타신다. 아버지의 자전거는 버들가지 피어 있는 봇도랑 길을 달리고, 뿌연 먼지 속의 신작로를 달리고, 플라타너스 그늘진 보도블록 길을 달린다. 아버지는 늘 그렇게 자전거를 타고 학교에 가시고 또 돌아오셨다. 아버지의 자전거 짐받이에는 언제나 작고 보잘것없는 것들이 실려 있었다. 시험지가 실려 있었고, 신문지로 싼 옥수수빵이 실려 있었고, 가난한 학부형이 실어준 기름 젖은 어묵꾸러미가, 축축한 생태 한 코가 실려 있었다. "백마가앙 다알빠아메 물새가 우우―우울어…" 슬픈 백마강의 황혼 한 오라기를 싣고 돌아오시기도 하시던 아버지의 비틀걸음을 따라온 그 자전거는 늘 초가의 대문간이나 빨간 양옥의 처마 밑에 세워져 있곤 했다.

어지러운 수면에서 깨어날 때마다 수족이 불편한 아내를 걱정하시며 다시 미안하다는 말을 반복하시는 아버지는 참

좋은 선생님이셨다. 궁벽한 시골 학교의 교사 시절에는 문맹의 아이들을 사랑채의 등잔 밑으로 불러 들이셨고 도시로 전근을 가셔서도 늘 소외되고 가난한 아이들의 가정을 찾아 다니셨다. 산골의 아이들에겐 농사를 짓더라도 글은 깨우쳐야 한다며 참참이 지게 받쳐 놓고 막대기로 글자를 써보라고 당부하셨다. 어머니께는 아무개 어머니가 하는 채소전과 아무개 아버지가 하는 생선전에 꼭 들러 팔아줄 것을 당부하셨다. 노년에도 엘리베이터나 아파트 통로에서 함부로 뛰는 아이들을 붙잡고, 또 공중목욕탕에서도 비누칠할 때 수도꼭지를 잠그지 않는 사람들을 참견하시는 아버지 때문에 어머니가 곤혹스러워하시기도 했다. 세상이 변해간다고 너도나도 변해간다고 같이 따라가서는 안 된다던 아버지, 세상엔 아버지께서 참견하실 일이 천지인데 아버지는 이제 그만 떠나야겠다고 하신다.

지난 한 달간 글을 쓰지 못했다. 마지막으로 썼던 글을 보내드렸지만 급격히 떨어진 시력 때문에 이미 지난 봄부터 네 글을 읽을 수 없었노라는 때늦은 아버지의 고백을 듣고 또 한참을 울었다. 아버지 없어도 좋은 글을 계속 쓰라며 평범한 사람들의 마음속에 소소한 행복을 주는 좋은 글쟁이가 되라고 당부하셨다. 내가 초등학교 때 처음으로 상을 탔던 「단풍잎」이란 동시의 한 구절을 기억해 내시기도 하며 너는 나의 어여쁜 첫딸이었노라고 고백하시는 아버지의 목소리가 흔들렸다.

「접시꽃 당신」의 도종환 시인과 어깨를 겯고 나온 책을 몇 권 보내드렸더니 병실에 들르는 손님들에게 그 책을 보이시며 희미하게 화색이 돌기도 하신다는 아버지, 그 아버지를 어떻게 만나야 할지 나는 두렵다. 그리고 또 어떻게 이별을 해야 할지, 처마 밑 아버지의 빈 자전거를 회상하며 살아갈 다음 계절이 두렵다.

도종환 시인이 워싱턴에 오신다. 옥수수밭에 바람이 부는, 옥수수 잎에 빗방울이 떨어지는 계절을 그분은 어떻게 견디었을까. 그분을 만나 뵙고 나면 나는 이제 막 접시꽃이 피기 시작할 한국으로 아버지를 만나러 갈 것이다. 아니, 이별을 하러 갈 것이다.

풍금
소리

 칸나는 아버지가 좋아하는 꽃이었다. 여름이 오면 우리 집 꽃밭에는 늘 붉은 칸나가 피었다. 오랜 기억 속 무채색 풍경 속에 피어 있던 칸나를 생각하면 그 강렬하게 붉던 꽃의 색깔과 더불어 아버지가 생각난다.

 아버지는 좁은 마당의 한 귀퉁이를 덜어내 꽃밭을 만들었다. 세모로 삐뚜름했던 꽃밭에 여름이 오면 칸나가 피었다. 칸나는 바지랑대로 올린 빨랫줄보다 조금 낮게, 촘촘한 꽃잎의 달리아보다 조금 높게 피어나곤 했다. 허리가 긴 꽃대에서 길고 통통한 꽃자루가 솟아오르고 그 살갗에 햇빛이 닿으면 꽃잎 세 장이 허리를 젖히며 차례로 피어났다. 강렬한 햇빛 속에 피어나던 칸나의 붉은색은 여름의 상징 같은 것이었다. 장맛비가 거친 숨을 몰아쉬며 그 기와집의 마당을 휩쓸고 지나가면 한해살이 꽃들은 맥을 못 추고 떨어져 내렸다.

거친 빗줄기에도 아랑곳하지 않고 꼿꼿하게 서 있는 건 칸나뿐이었다.

아버지는 초등학교 교사였다. 술을 좋아하셨다. 드물게 술을 드시지 않고 돌아오는 날이면 한쪽에 자전거를 비스듬히 세워놓고 꽃밭을 들여다보셨다. 그중에서도 아버지의 키와 비슷한 칸나를 한참씩 바라보시곤 했다. 아버지가 칸나를 좋아한다고 말씀하신 적은 없다. 다만 그렇게 칸나를 바라보던 아버지의 모습이 아버지는 칸나를 좋아했을 것이라고 짐작하게 해줄 뿐이다. 할머니의 푸른 수국처럼, 어머니의 작약처럼 말이다.

어느 해 여름방학의 끄트머리쯤이던가. 텅 빈 운동장에서 여름내 혼자서 피고 지는 일에 쓸쓸해 하던 칸나가 꽃 피우기를 그만둘 무렵이었던 것 같다. 어머니의 심부름으로 숙직을 서는 아버지의 저녁 도시락을 들고 학교에 찾아갔던 적이 있었다. 운동장 한가운데에 서 있던 해가 플라타너스 가지를 길게 끌며 서쪽으로 기울어 가고 있는 참이었다.

두레박 우물 곁의 숙직실에 가보았지만 아버지는 계시지 않았다. 아버지의 낡은 구두 한 켤레가 한쪽에 벗어져 있고 초라한 국방색 담요 한 장이 방구석에 개켜져 있었다. 아이들이 돌아가고 없는 학교는 기이한 정적만이 맴돌았다. 숙직실 바닥에 도시락을 밀어 넣고 돌아서는데 어느 교실에선가 풍금 소리가 아련하게 들려왔다. 나는 그 풍금 소리를 쫓아갔다. 아버지였다.

유리창 너머로 들여다본 아버지는 지금까지 내가 알고 있던 아버지가 아니었다. 하늘색 고무슬리퍼를 신은 발로 풍금의 페달을 밟으며 〈푸른 하늘 은하수〉인지 〈낮에 나온 반달〉인지를 치시던 아버지의 모습은 처음인 것처럼 낯설었다. 발끝의 페달로 바람을 모아 떨림판을 떨리게 하여 내는 풍금 소리가 그처럼 서글픈 소리를 낼 수 있는지 나는 그때서야 알았다. 한낮의 교실에서 듣던 풍금 소리는 경쾌했는데 저녁에 듣는 아버지의 풍금 소리는 서글프기 짝이 없는 음색이었다. 격자유리창의 교실 안에는 슬픈 음계들만이 가득했다.

어린 마음에도 그 교실 문 너머의 아버지를 아는 척 할 수 없어 나는 발뒤꿈치를 들고 복도를 빠져나왔었던 것 같다. 석양 속에 붉은 꽃잎을 통째로 담근 채 서 있던 키 큰 칸나들을 뒤로 하고 운동장 한가운데를 벗어날 때까지 아버지의 풍금 소리는 내 뒤를 따라왔다.

아버지는 열아홉 살부터 선생님을 하셨다. 해방 직후에 세워진 허술한 2년제 사범학교에서 풍금의 기초만을 터득한 채 졸업을 하신 아버지는 음악을 아주 좋아하시던 분이셨다.

오래된 기억 속의 풍금 소리가 다시 기억난 것은 지난 해 초여름 아버지의 마지막 호흡을 지켜보던 병원에서였다. 먼

길을 떠나기 위한 아버지의 호흡은 약하고도 느리게 가라앉고 있었다. 흐려지는 호흡 속으로 그날의 풍금 소리가 들려왔다. 가파르던 한 생애를 간단없이 마치고 눈을 감는 아버지의 모습은 부드럽고 평온했다. 영원한 작별을 위해 온기가 빠져나가기 시작하는 아버지의 몸에서 다리를 만져보았다. 나의 아버지는 한쪽 다리를 살짝 저시는 분이었다. 굵기가 서로 다른 다리로 애써 균형을 잡으며 살아오신 아버지의 생을 생각하니 애써 삼키고 있던 눈물이 아버지의 다리로 후둑하고 떨어져 내렸다.

주인을 잃은 아버지의 아파트 베란다에도 칸나가 자라고 있었다. 물을 주지 않아 떨어져버린 칸나의 꽃잎 위로 아버지의 얼굴이 지나갔다. 아버지는 칸나를 왜 좋아하셨을까. 아마도 칸나의 강인함 혹은 꼿꼿함이 아니었을까. 내 아버지의 생은 낡고 이가 빠진 풍금처럼 온전한 음계를 이루지 못한 것이었는지도 모른다. 균형을 잃은 두 다리로 견뎌내기엔 세상의 바람은 너무 강했으리라. 나는 아버지가 가고 없는 세상에서 취기로 돌아오던 아버지를 오롯이 이해하기 시작했다. 술 취한 아버지의 행보를 따라 느리게 바퀴를 돌리며 아버지를 따라다니던 자전거도 그리워하기 시작했다.

아버지와 연계된 꽃이기 때문일까. 나이가 든 때문일까. 칸나를 생각하면 해를 향해 꽃을 피운 풍경보다 붉은 꽃을 발치에 떨어트리고 있는 모습이 떠오른다. 지금도 세상 어딘가에는 수숫대같이 자란 칸나들이 꽃을 피우고 있을 것이다. 여름이 끝나면 치열했던 생의 표적으로 붉은 꽃잎을 땅에 떨어뜨리며 지상에서 사라져 갈 것이다. 칸나가 피는 여름, 아버지가 그리운 계절이다. 한 옥타브 낮게 반 박자 느리게, 슬픈 곡조를 만들어 내던 바람의 악기, 아버지의 풍금 소리도 그리운 계절이다.

석양은
다시
지는데

 아버지가 계시지 않은 세상에도 어김없이 하루에 한 번씩 날이 저물었다. 초저녁이면 어둠이 홑이불처럼 세상을 덮고 온갖 꽃들이 흔들리며 그 어둠 속으로 화해되어 들어갔다. 천지의 풍경은 그렇게 서로를 끌어당기며 화해해 가는데 나는 저물녘의 구름 사이, 황혼으로 오시는 아버지를 만나면 아버지와의 이별과 화해할 수 없노라고 등을 돌렸다.

 모르핀으로도 달래지지 않을 통증만이 남아 있다는 아버지의 한시적 삶을 통보받고 우리가 할 수 있는 건 한없이 절망하는 일뿐이었다. 그리고 아버지를 위해 기도하기 시작했다. 아버지는 숱한 우리의 시작을 위해, 그 열림을 위해, 사소한 기쁨과 아픔을 놓고 무릎 꿇어 기도했지만 우리는 고작 아버지의 마지막을 위해서만 기도했다. 통증을 제하여 달라고, 고통 없이 생을 마무리하게 해달라고 처음으로 무릎이 아프게 기도했다. 중환자실에서 만난 아버지는 온몸에 아홉 개나 되는 의료기기를 꽂고 자는 듯 누워 계셨다. 불과 얼마 전만 해도 맏딸이 올 거라는 소리에 손아귀에 미미한 반응을 보이셨다는데 아버지의 손은 나를 아는 체하지 않으셨다. 언제나처럼 트랜지스터라디오를 귓전에 틀어 놓고 잠드셨다 깬 것처럼, "왔냐?" 하실 것 같은데, "고단하것다. 쉬어라." 하실 것 같은데 그리하지 않으셨다. 미미한 맥박과 가파른 호흡의 흔적이 기계에 남아 있을 뿐 아버지는 깊은 잠에 빠지셨다.

중환자실 밖에 우두커니 앉아 정해진 면회 시간을 기다리다가 허적허적 집으로 돌아갔다. 다시 날이 밝기를 기다려 강변북로를 따라 병원으로 달려가노라면 차창 밖의 여름꽃들이 눈물에 풀어졌다.

며칠이 지나고 결국 아버지의 콩팥이 기능을 멈추었다. 기계들에 연결되어 있는 맥박과 혈압과 호흡의 수치가 불균형적으로 오르내리기 시작했다. 담당의는 신장 투석을 권했다. 투석하다 일어날 수도 있는 거부 반응에 대비해 심폐소생술도 준비해야 한다며 다시 몸의 한곳에 의료관을 연결하려 했다. 우리는 조용히 거부했다. 하나님의 정하신 때가 되어 거두어 가시려는 아버지의 생명을 인간이 만든 차가운 의료기기에 의지해 연장해 보려는 것이 아무런 의미 없는 일임을 알고 있기에 재차 다짐하는 의사 앞에서 머리를 가로저었다.

  아버지의 호흡이 얕아지는 걸 눈으로 확인하는 일은 괴로운 일이었다. 가을 운동장에 호루라기 불며 청청하던 아버지의 호흡이 배에서 가슴으로 옮겨지며 점점 엷어져 갔다. 푸른 칠판이 흔들리도록 분필 글씨에 힘을 주던 아버지의 손목에서 맥박이 사라져갔다. 그 품에서 자란 다섯 자식들과 그 배우자들과 손주들의 뜨거운 눈물이 식어가는 아버지의 손등으로 떨어지고, 나는 세상에 태어나 처음으로 아버지와 볼을 맞추었다. 회초리를 손에서 내려놓지 않으시며 엄격하고 무서웠던 아버지의 볼은 아직도 따뜻했다. 그리고 아버지는 조용히 마지막 호흡을 내려놓으셨다. 칠십칠 년, 평범하고 고달팠으며 또 가파르기도 했던 한 생애를 내려놓는 아버지의 표정은 평온했다.

  삼일장의 마지막 날, 서울의 장례식장을 떠난 차량은 고속도로를 지나 국도와 논둑 사이의 길을 밟아 장지인 고향 마을에 닿았다. 아버지가 태어나고, 또 우리가 태어난, 야트막한 산맥 사이에 별처럼 박혀 있는 고향 마을이 눈앞에 펼쳐지자 우리 남매는 약속이나 한 것처럼 통곡했다. 눈물에 흔들리며 때죽나무꽃이 하얗게 피던 냇물이 지나가고 아버지의 자전거가 지나던 미루나무 밑의 풍경이 지나갔다. 시골집은 무너져 헐리고 집터는 개망초만 가득한 묵정밭이 되어 있었다. 그 옛집 터에서 아버지는 하얀 꽃상여로 옮겨졌다. 아버지가 첫울음을 울고, 키가 자라고, 이웃의 끼니를 걱정하며 인사 나누고, 대처로 공부하러 들랑거리며 한달음에 달려오기도 했을 그 고향 동네의 예를 따르기 위해서였다. 다시 차린 빈소에서 시골 지인들의 마지막 인사를 받은 후 아버지를 태운 꽃상여는 동네 사람들의 어깨에 들려 산으로 향했다.

상여는 망초만 무성한 집터를 돌아 푸른 감톨 맺힌 소롯길을 지나, 채소밭 사이를 밟고 갔다. "이제 가면 언제 오나 오는 날을 알려주오. 못 가겠네 못 가겠네 서러워서 못 가겠네. 서산에 지는 해는 지고 싶어 진다더냐. 지난 세월 돌아보니 꿈결 같고 허무하네. 아가 아가 큰 아가야 우지 마라 다시 오마. 오소 오소 다시 오소 밥 떠 놓고 기둘 테니 언제든지 다시 오소." 요령잡이의 선소리가 다시 한번 우리를 울렸다. 느린 박자로 구슬프던 상여소리가 저수지 둑길을 오르기 시작하면서 빠른 두 박자로 바뀌었다. 내 어릴 적 학교에서 돌아오면 책 보따리를 빈집에 던져두고 내달리던 그 저수지 둑길을 아버지를 태운 꽃상여가 꿈결처럼 올라갔다. 둑길을 오르자 저수지를 품에 안은 선산이 나타났다.

선산의 나무들은 한여름의 햇빛 속에 엽록소를 토해내느라 비릿한 숲 냄새를 풍기고 있었다. 할머니가 감자를 심던 비탈밭에도 망초와 넝쿨 식물만이 가득했다. 하악거리며 저수지 둑길을 뛰어올라 감자밭에 하얗게 쪼그리고 앉은 할머니를 찾아내면 한없이 반갑기만 하던 그 밭머리에 상여가 놓였다. 할머니의 허리가 펴지길 기다리며 봉긋한 봉분 곁에 앉아 하늘의 구름을 바라보던 그 자리에 할아버지가 묻히고 할머니가 묻히고, 다시 아버지가 묻혔다.

칠월의 쨍쨍한 햇볕을 가려 주려 안개 같은 가랑비가 바람처럼 불어왔다. 다시 불어가기를 몇 차례, 아버지와의 마지막 작별 인사가 끝나고 우리는 산을 내려왔다. 어진 산등성이로 따스운 해가 뜨고 서늘한 대숲으로 순한 석양이 넘어가던 동네, 뒷산으로 저녁밥 짓는 연기가 평화롭게 올라가던 그 동네에 아버지를 남겨두고 우리는 돌아왔다. 돌아보며 돌아보며 우리는 돌아왔다. 그리고 아버지가 없는 세상에서 만나는 모든 풍경은 흔들리며 젖었다. 젖으며 흔들렸다. 뜨거운 설렁탕 한 그릇을 앞에 두고도 후드득, 눈물이 쏟아졌다. 그렇게 화해할 수 없는 아버지와의 이별을 안고 나는 다시 비행기를 탔다.

돌아온 이국 하늘에도 석양이 지고 있다. 푸른 도라지 꽃망울을 폭폭 터트리며 놀던 그 여름, 뉘엿이 지는 석양 속을 달려오던 아버지의 자전거가 생각난다. 가지고 놀던 도라지꽃을 미련 없이 발치로 던져버리고 아버지의 자전거보다 더 빨리 집으로 내달리던 그 여름 저녁이 생각난다. 오늘도 석양은 다시 지는데, 그 석양을 밟고 달리던 아버지의 자전거는 다시 돌아올 줄 모르고 가슴엔 터져버린 도라지꽃 같은 이별의 아픔만이 가득하다.

박태기나무

한밤중에 전화벨이 울렸다. 뒤뜰 박태기나무가 밥풀 같은 꽃들을 내놓기 시작할 무렵이었다. 한국에 계신 어머님의 지병이 깊어져 병원에 입원했다는 전화였다.

남편은 급하게 사업상의 일들을 마무리하러 다녔다. 그리고 공항으로 가는 길에 다시 전화를 받았다. 별안간 어머님이 의식을 잃었다는 전화였다. 바로 전날 밤만 해도 바쁜 일 끝내 놓고 다음 달에 오지 그러느냐고 하신 분이 의식의 끈을 놓으셨다는 말에 남편은 공항 바닥에 주저앉았다. 어머님은 남편이 인천공항에 내려 병원 근처인 삼성역을 지나는 시점에서 하나밖에 없는 아들을 만나지 못하고 하늘나라로 떠나셨다. 미국은 막 동이 트고 있는 시각이었다. 아들은 아직 따뜻하게 남아 있는 어머님의 체온을 안고 아픈 이별을 해야 했다. 아프지 않은 이별이 어디 있으랴마는 임종 자리를 지키지 못한 안타까움은 남편에게 아물지 않는 상처로 남아 버릴 것이다.

다음 날 아침 같은 시각, 서둘러 비행기를 타고 간 나는 영정 사진으로 어머님을 만나야 했다. 호텔식 복도가 있는 낯선 장례식장 안내판에서 옅은 미소를 띤 어머님 사진을 발견했을 때의 황망함을 잊을 수가 없다. 열다섯 달만의 해후였다. 지난해 설을 쇠러 다녀올 때 끼고 있던 반지를 빼주시며 작별 인사에 눈물을 보이시더니, 그것이 마지막이 될 줄이야. 의식이 들 때마다 아들 며느리의 이름과 아이들 이름을 차례로 부르셨다는 간병인의 이야기를 들으며 아무리 흐느껴 울어 보아도 어머님은 다시 돌아오지 않으셨다. 어머님을 위해 마지막으로 할 수 있는 일이라곤 평소 좋아하시던 꽃을 골라 영정 사진의 둘레를 장식하고 가장 좋아 보이는 수의를 한 벌 고르고 지치도록 울고 또 울어보는 일뿐이었다. 어느 자식이나 마찬가지겠지만 자식이 부모님께 해드릴 수 있는 일이라곤 때늦은 후회와 뜨거운 눈물이 전부였다.

짧은 이별의 절차를 밟아 어머님을 보내드리고 사시던 아파트 문을 열었을 때 다시 한번 느껴야 했던 어머님의 부재는 혹독했다. 거짓말처럼 온기를 잃은 어머님 침대에 누워 잠을 자고 아침을 맞는 일은 허망했다. 부동산에 아파트를 내놓고 낯선 이들의 방문과 맞닥뜨리며 어머님의 손때가 묻은 살림을 정리하기 시작했다. 장롱에서부터 바늘쌈지 하나에 이르기까지 손끝에서 떠나가는 물건들 하나마다 아픈 망설임이 뒤따랐다. 이국에 사는 우리가 가져올 수 있는 물건들은 많지 않았다. 거실에 오래 걸려 있었던 동양화 몇 점과 장롱 속 오래된 사진과 돋보기, 스카프나 커피잔같이 작으면서도 어머님을 오래 기억할 수 있는 것들을 위주로 가방을 꾸렸다.

내가 미국으로 돌아왔을 때는 뒤뜰 박태기나무꽃들이 모조리 땅바닥으로 떨어지고 난 다음이었다. 나는 짐도 풀지 않은 채 멍하니 박태기나무를 바라보았다. 이 집을 사던 해에 어머님이 심어 주신 나무였다. 묘목원에서 막 연보랏빛 꽃망울을 맺기 시작한 나무를 보고 첫눈에 반하신 어머님은 이건 내가 사 주마 하셨다. 주방에서 잘 바라보이는 곳에 손수 자리를 잡아주시고 내가 없더라도 꽃이 피면 나를 본 듯 보거라 농담처럼 말씀하셨었다.

어머님과 나는 아주 많이 다른 사람이었다. 어머님은 서울에서 나는 시골에서 태어났다. 어머님은 진밥을 나는 고두밥을 좋아했다. 어머님은 육식을 나는 채식을 좋아했다. 어머님이 코발트블루같이 찬 색깔을 고르시면 나는 핑크처럼 따뜻한 색깔로 눈이 갔다. 어머님은 세련되셨으나 나는 촌스러웠다. 어머님은 대범하셨으나 나는 소심했다. 장안의 미인이셨던 어머님 앞에 수수하기만 했던 며느리의 등장은 마뜩잖았을 것이다. 어머님은 곁을 내주지 않으셨다. 열아홉에 낳아 금쪽같이 키운 아들을 선뜻 내어주기엔 어머님 나이가 너무 젊었던 탓일지도 모른다. 어머님과 고부의 연을 맺은 지 올해로 스물아홉 해째, 그간 어머님은 조금씩 곁을 내어주셨고 나는 조촘조촘 그 자리로 들어갔다. 언제부턴가 한국에 가도 친정보다 시댁이 편안하고 친구 같은 어머님 곁에 아무렇게나 길게 누워 깊은 잠을 자는 사이가 되었다. 하지만 어머님은 그렇게 훌쩍 내 곁을 떠나버리셨다.

남편은 세상에 하나밖에 없는 온전한 응원군을 잃었고 나는 인생의 조언자이자 각별한 친구 하나를 잃은 셈이다. 며칠 전 온도가 급강하하던 새벽에 출근을 위해 옷장 문을 열고 외투를 찾던 중 감청색 코트가 눈에 들어왔다. 지난겨울 마지막 외출에 입으셨던 기억이 못내 아쉬워 챙겨왔던 어머님의 외투였다. 품이 좀 크기는 했지만 따뜻해 보이는 그 외투를 입고 출근했다. 저녁 퇴근길에 무심코 호주머니에 손을 넣어보니 무언가 잡히는 게 있었다. 양모장갑 한 켤레와 손수건 한 장이었다. 사는 게 바빠 제대로 된 장갑 하나 없이 사는 며느리에게 주시는 마지막 선물인 것 같아 눈시울이 붉어졌다.

세숫비누로 곱게 빨아 화장대 서랍에 넣어둔 손수건은 어머님이 내게 남긴 한 통의 편지일지도 모른다. 못다 하신 이야기를 한 땀 한 땀 보라색 작은 꽃잎에 새겨넣은 편지일지도 모른다. 내게도 며느리가 생기고 사위가 생길 때면 이건 이렇고 저건 저러하네요, 상의하고 싶어져 나는 다시 서랍을 열어볼 것이다. 그러면 이건 이렇게 저건 저렇게 하라고 화답해 주시지 않을까.

남편은 우두커니 앉아 창밖을 바라보거나 혼자서 와인을 마시는 일이 잦아졌다. 어머님이 떠나시고 맞는 첫 겨울, 그의 가슴에는 많은 그리움과 후회가 살얼음처럼 얼어붙곤 할 것이다. 어쩌면 그것은 남은 자식들이 마지막으로 치러야 하는 마땅한 형벌 같은 것일지도 모른다. 요즘 부쩍 나이가 들어버린 것 같은 초로의 남편, 나도 그 곁에서 시력이 희미해지며 늙어가고 있다.

진눈깨비가 내리는 겨울 저녁, 어머님이 쓰시던 밥사발에 밥을 퍼 저녁을 먹는다. 어머님이 쓰시던 돋보기를 쓰고 앉아 어머님이 읽으시던 성경을 읽는다. 서랍 속에서 어머님이 쓰시던 손톱깎이를 꺼내 손톱을 잘라 본다. 넌 손톱이 참 예쁘기도 하구나, 어머님의 첫 칭찬을 듣던 그날이 생각나 가만히 내 손톱을 들여다본다. 뒤뜰에는 진눈깨비가 계속 내리고 있고 더러 박태기나무 밑으로 떨어진 눈송이들이 눈물처럼 글썽거리며 땅으로 스며들고 있다.

감나무

 아버지가 떠나신 지 꼭 일 년이 지났다. 아버지를 잃은 슬픔은 오래갔다. 별을 올려다보면 아버지 생각이 났다. 달을 보아도, 노을을 보아도, 설렁탕 한 그릇을 앞에 두고도 아버지 생각이 났다. 그리고 아버지를 기억해 낸 가슴엔 여지없이 뜨거운 눈물이 지나갔다.

 며칠 전 동생들이 아버지를 찾아뵈러 갔었다며 사진 몇 장을 보내왔다. 선산에 모신 아버지 무덤은 풀이 제법 푸르게 자라 곁에 계신 조부모의 무덤처럼 편안한 모양새를 갖춰가고 있었다. 선산 밑 감자나 마늘을 심던 비탈밭은 덩굴 식물들이 장악해 가고 있었다. 나뭇가지 넣어 휘휘 돌리면 바지게로 가득 솜사탕을 만들 것 같이 안개가 많던 저수지는 물이 말라 바닥이 들여다보일 듯했다. 우리의 곁을 떠난 아버지는 그 속에 섞여 하나의 풍경이 되어 가고 있었다.

동생은 허물어버린 옛 집터의 사진 몇 장도 보내왔다. 집은 없어지고 망초만 무성한 그곳에는 형편없이 늙은 감나무 몇 그루만이 그 땅이 옛 집터임을 증명이라도 하려는 듯 구부정하게 서 있었다. 안방의 구들이 있던 자리도, 바람을 잠재우던 마당귀가 있던 자리도 흔적이 없었다. 비스듬한 돌절구가 놓여 있던 자리, 나무 구새가 있던 외양간 자리도 찾아볼 수 없었다. 혼인하면서 손수 집을 지은 할아버지는 집을 완성시킨 다음 여기저기 감나무를 심었다. 고욤나무 밑동을 잘라 두 쪽으로 가른 다음 동네에서 가장 큰 대봉시 가지를 얻어와 그 사이에 끼워 접붙이기로 키운 감나무들을 집 둘레에 심었다. 집으로 들어서는 마당가에도 심고 뒤꼍 장독대 옆과 채마밭 가장자리에도 심었다. 사랑채 가까이와 외양간 옆까지 볕이 잘 드는 곳마다 감나무를 심었다.

　감나무들은 서로 적당한 거리를 유지하고 서 있으며 똑같이 잎을 내고 꽃을 떨어트리고 감을 맺으며 집과 어울려 풍경을 이루어갔다. 내 어릴 적의 감나무들은 어린 보폭을 바쁘게 움직여야지만 닿을 수 있게 서로 멀리 떨어져 있었던 것 같은데 사진 속 감나무들은 아주 가까이 서 있었다. 집 둘레의 감나무 중에서 식구들과 가장 친밀했던 건 뒤란 장독대 곁의 감나무였다. 나무는 장독대에 그늘을 드리울까 봐 가지를 쳐내서 조금 삐뚜름하게 서 있었다. 어떤 가지는 대숲 사이로 뻗어나가고 어떤 가지는 안채 지붕 위로도 가지를 뻗어 가을이면 초가지붕 위에 빨간 감이 올라앉기도 했다.

초여름이면 잎겨드랑이에 꽃병같이 생긴 감꽃을 따개비처럼 다닥다닥 달고 있던 감나무는 식구같이 정다운 존재였다. 톳톳, 소리를 내며 수직으로 떨어져 내리던 감꽃의 어여쁨을 어떻게 표현할 수 있을까. 장독대 뚜껑에 고인 빗물에도 떨어져 내려 팽그르르 맴을 돌던 미색의 감꽃은 고개 숙여 감꽃을 줍는 내 목을 간질이며 떨어지기도 했다. 도톰한 넉 장 꽃잎의 끝을 살짝 말아 올린 채 피어 있다가 더러는 감이 되고 또 감이 되지 못할 숱한 꽃들은 봄의 끝이 되면 그렇게 땅으로 떨어져 내렸다.

풋감에 색이 오르면서 가을이 찾아왔다. 뒤꼍을 환하게 밝혀줄 듯 주홍으로 물들던 감을 올려다보며 내 키가 자랐고 동생들의 키가 자랐다. 글씨를 쓰기도 하고 가위질을 하며 가지고 놀던 두꺼운 감잎이 붉어지고 햇빛을 먹은 주홍 감들의 살이 투명해지면서 가을이 깊어 갔다.

새 지붕을 엮어 올리면서 지붕 위의 감나무 가지를 잘라내도 이듬해가 되면 영락없이 또 그쪽으로 새 가지를 뻗던 감나무가 고아처럼 의지할 데 없이 사진 속에 홀로 서 있다. 그 감나무 가지에 그네를 매달아주신 분이 할아버지였는지 아버지였는지 기억나지 않지만 감잎 사이로 쏟아지는 햇빛을 받으며 그네를 타던 기억은 아직도 선명하다. 소나기가 내리면 두꺼운 감잎이 빗줄기를 대신 맞아주느라 타닥거리던 소리와 그 잎사귀에 가을이 오면 마른 감잎들이 얼굴을 부비는 소리는 한 소절의 음악 같았다.

시간이 거꾸로 흘러간 것처럼 사진 속의 감나무들은 내 어릴 적보다 오히려 키가 작아진 것 같다. 그네를 서로 타겠다고 등을 밀어대던 동생도 감나무에 대한 추억에 사로잡혔던 듯 클로즈업 시켜 찍어 보낸 감나무에는 푸른 감톨이 맺혀 있다. 미색의 통꽃을 밀어낸 자리마다 엄지손톱만 한 풋감이 매달려 있다.

감나무에 그네를 매어주던 어른들은 세상을 떠났고 그 감나무 밑에서 자라던 우리는 머리칼 희끗한 어른이 되었다. 동그랗게 오그린 초가에서 온기 나누며 살던 가족들은 뿔뿔이 헤어져 각자의 길로 간 지 오래고 가족의 서사를 고스란히 지켜보았던 늙은 감나무들만이 사진 속의 자리를 지키고 있다. 푸른 감톨을 맺은 채 어느 시인의 시구처럼 사립이 있던 쪽을 향해 일제히 잎사귀를 내밀고 있다.

나무는 집도 사람도 없어진 그곳에서 무엇을 기다리고 있는 것일까. 머지않아 가을이 오면 혼자서 저절로 익어 터질 감들은 불을 밝힌 듯 빈 집터를 지키다가 아마도 까치밥이 될 것이다. 선산으로 가는 길에 삐뚜름하게 서 있던 고욤나무처럼 인기척을 기다리다 졸아든 속내를 감춘 채 홍시들은 서리를 맞고도 한참이나 거기 붉게 매달려 있을 것이다.

시골뜨기로 자란 나는 감나무를 소재로 쓴 두 편의 시를 좋아한다. 하나는 이재무 시인의 「감나무」라는 시이고, 또 하나는 문태준 시인의 「그늘의 발달」이라는 시이다. 시 속의 감나무들은 제각기 외롭다. 감이 익기를 기다리며 목이 빠지게 감나무 끝을 바라보던 아이들은 어디론가 사라져 버렸고 이제는 감나무가 사람들을 기다리고 있다.

> 감나무 저도 소식이 궁금한 것이다/ 그러기에 사립 쪽으로는 가지도 더 뻗고/ 가을이면 그렁그렁 매달아놓은/ 붉은 눈물/ 바람결에 슬쩍 흔들려도 보는 것이다/ 저를 이곳에 뿌리 박게 해놓고/ 주인은 삼십 년을 살다가/ 도망 기차를 탄 것이/ 그새 십오 년인데……/ 감나무 저도 안부가 그리운 것이다/ 그러기에 봄이면 새순도/ 담장 너머 쪽부터 내밀어 틔워 보는 것이다
>
> —이재무, 「감나무」 전문

내일 그 '감나무'를 쓴 이재무 시인이 워싱턴을 방문한다. 그의 시가 친근하게 여겨지는 건 나와 같은 고향을 둔 시인, 그러니까 이웃 동네에서 감나무 두어 그루쯤을 심어 놓고 함

께 자랐을 동질감 때문일 것이다. 그의 시가 빛나는 이유는 견뎌낸 자들만이 얻어낼 수 있는 단단한 시어들이 거기 박혀 있기 때문이리라. 자잘한 수식이 없어도 마음을 산란하게 흔들어 놓는 힘은 그의 정신이 누구보다도 실팍하게 살아 있기 때문이리라.

  라면 끓이려고 올려놓은 물에서도 개구리가 우는 소리를 듣는, 천생 시골뜨기 시인인 그를 만나러 가기 위해 오랜만의 외출을 준비해야겠다. 시인을 만나거들랑 고향에 지천이었던 감나무의 안부나 물어볼 일이다.

할아버지의
노래

내가 기억하는 할아버지의 노래는 단 한 가지였다. "갓데 구로소토 이사마시코 지카테 구니오 데데카라……." 거기까지 기억하는 가사가 내가 아는 할아버지의 노래, 그 전부이다. 암울했던 역사의 틈바구니, 일제 강점기에 태어난 할아버지는 형님에게 모든 걸 양보하고 학교 가는 대신 지게를 지고 들에서 평생을 사셨다. 일몰이 되어서야 들에서 돌아오던 할아버지, 봇도랑 물에 발을 씻고 질컥거리는 고무신 소리가 먼저 대문간을 넘어서던 할아버지는 말수가 아주 적은 분이었다. 일밖에 모르던 할아버지가 몇 잔 술에 취기가 오르면 꼭 그 노래를 불렀다. 취기에 낮은 할아버지의 목소리가 높아지고 왜놈들 몹쓸 놈들, 천하에 몹쓸 놈들, 목에 핏대를 세우다 잠 속으로 쓰러지며 부르시던 노래였다. 꿈에도 치를 떨며 미워하던 몹쓸 놈들의 언어로밖에는 노래할 수 없었던 할아버지의 기막힌 아이러니. 그 노래가 승리하고 돌아오는 군인을 환영하는 일본 군가였다는 것을 안 지는 그리 오래되지 않았다.

언어마저 빼앗긴 나라의 궁벽한 시골, 2년제 소학교 수료가 전부인 할아버지께서 어디서 그 노래를 배웠는지 알 수는 없다. 어둠도 사물들과 부드럽게 화해를 시작하는 일몰의 시각에 화해할 수 없는 할아버지의 상처는 그렇게 초저녁 공기 속을 부유해 다니며 어린 내 마음을 맵싸하게 만들었다. 나는 아궁이 속 불땀 사위어 가는 소리만이 집 안의 정적을 울리는 어머니 곁에 바짝 붙어 앉아 애꿎은 부지깽이만 그어대며 할아버지가 잠들길 기다렸다.

할아버지와는 달리 사범학교를 나오고 농업학교 교장을 지낸 큰할아버지가 몇 번 찾아오셨던 적이 있었다. 큰할아버지가 방으로 들어가고 난 다음 섬돌 위에 구두코를 돌려 가지런히 다시 놓아두시던 할아버지, 그 섬돌 밑에 물기 묻은 검정 고무신을 순하게 벗어놓고 들어가시던 할아버지 뒷모습이 기억난다. 섬돌을 빼앗긴 검정 고무신은 입을 크게 벌린 채 저무는 하늘을 삼키고 그 저문 하늘의 가장자리로 찌찌 쪼르쪼르 굴뚝새의 울음소리가 들려오면 괜스레 슬퍼지던 그 저녁이 생각난다. 할아버지의 삶은 콩꽃을 닮았다. 잎사귀에 가린 줄기 끝눈에 가녀리게 매달리던 콩꽃은 꽃이라는 말 대신 노굿이라는 표현을 쓴다. 그리고 핀다는 형용사 대신 일다라는 동사를 쓴다. 바람이 일듯 구름이 일듯 다랑이밭의 콩노굿은 일다가 간 자리마다 콩꼬투리를 남겨 놓는다. 그 콩꽃처럼 이름 없는 농부로 살던 할아버지는 콩꽃이 일기 시작하는 밭둑에서 쓰러져 다시는 돌아오지 못할 길을 떠나셨다. "콩노굿이 일 때는 비가 많이 와줘야 콩이 실하게 드는데……." 혼잣소리하며 나가셨던 할아버지가 바람에 눕듯 쓰러졌다. 쓰러진 자리에 눌려 있던 콩줄기들은 다시 일어나 그해 가을 숱한 콩꼬투리를 맺었건만 한번 쓰러진 할아버지는 영영 일어나질 못했다.

초등학교 다니던 딸아이가 정체성에 작은 혼란을 겪던 시기가 있었다. 방에서도 신발을 벗지 않는 개운치 않은 미국 친구들과 조금씩 멀어지면서 같은 반의 유일한 일본인 친구 레이까와 급격히 친해지던 무렵, 아이는 주말 한국학교에서 일제 강점기의 한국 역사를 배우게 되었다. 아이는 나쁜 나라 일본과 좋은 친구 레이까 사이에서 혼란을 겪은 듯 내게 많은 질문을 했다. 아홉 살짜리 아이에게 강점되었던 역사를 설명한다는 것이 쉬운 일은 아니었다. 할아버지가 빼앗겼던 언어에 대해 이야기를 해주는 대목에서 아이는 얼굴도 보지 못한 외증조할아버지가 가엾어 아임 쏘리를 연발했다.

학교 행사에서 피아노와 바이올린의 듀엣을 연주하기로

한 아이들은 우리 집에서 연습을 자주 했다. 어느 날 연습을 위해 바이올린을 들고 온 쪽니가 귀여운 레이까가 슬그머니 주방으로 들어왔다. "쥴리 마미, 아임 쏘리. 아임 쏘우쏘우 쏘리……." 울먹이는 얼굴로 사과하는 아이 앞에 나는 적잖이 당황했다. 강점된 역사, 수탈당한 역사, 핍박의 역사를 이야기하기엔 아이는 너무 작고 맑았다. 괜찮다는 어눌한 영어 몇 마디와 쿠키 쟁반을 내밀어주던 그날도 아이들은 날이 저물도록 듀엣곡을 연습했다.

오늘도 또 한 차례 일몰이 든다. 일몰의 시각이면 가끔 할아버지 생각이 난다. 돌아가신 뒤 아버지가 챙겨온 신발장 위에 올려놓았던 할아버지 고무신이 생각난다. 질척이는 논고랑 밭고랑을 밟았을 고무신, 두엄더미를 밟고 소똥을 밟았을 고무신, 아그배나무 꽃잎을 밟고 봇도랑 물도 건넜을 할아버지의 고무신은 할아버지의 분신 같은 것이었다. 시대에 순응하고 부모에 순응하며 태어난 동네를 떠나보신 적이 없는 할아버지, 그 걸음에 걸려 있던 고무신은 행여 알고 있었을까. 두 마지기 콩밭 머리에 앉아 생각했을지도 모르는 할아버지의 꿈을, 싸리고개 너머 하얀 신작로까지 들리도록 목청껏 부르고 싶었던 할아버지의 노랫말을 그 고무신은 알고 있었을까.

할아버지의 유전인자 탓일까, 나는 저물녘의 음악이 좋다.

할아버지는 한 잔 술의 취기로 노래했지만 나는 쌉싸름한 일몰의 취기로 노래한다. 일에서 돌아오는 차 속에서 일몰의 아늑함에 기대어 노래한다. 할아버지의 노래는 질컥이는 검정 고무신이 따라 불렀지만 나의 노래는 나뭇잎 몇 장 슬픈 음계처럼 매달려 있는 자작나무 숲이 따라 부른다. 그 숲에 새 둥지처럼 노랗게 걸려 있는 겨울 달도 따라 부른다. 할아버지는 노래 끝에 잠이 드셨지만 나는 노래 끝에 꿈을 꾼다. 할아버지는 남의 나라말로 노래했지만 나는 따뜻한 나의 언어로 노래한다. 오늘은 할아버지를 닮은, 하얀 두루마기의 소리꾼 장사익의 노래를 듣는다. "하얀 꽃 찔레꽃, 순박한 꽃 찔레꽃, 별처럼 슬픈 찔레꽃, 달처럼 서러운 찔레꽃, 찔레꽃 향기는 너무 슬퍼요, 그래서 울었지 밤을 새워 울었지……." 할아버지의 잃어버렸던 노래, 그 억눌렸던 정서를 생각하며 듣는 노래가 슬프다. 취기로 흔들리던 빈 바지게를 내려놓고, 가슴속 그믐밤 같던 음울한 상처를 드러내 놓고 한 번쯤은, 꼭 한 번쯤은 불러보고 싶었을 노래를 내가 대신 부른다.

찔레꽃 노래는 내 할아버지의 꿈과 슬픔을 옮겨 적은 오래된 블루노트다. 부지깽이로 끼적이며 부엌 바닥에 그 슬픈 음표를 그려보던 어렸던 손녀, 반세기를 살고 나서야 그 낮은음자리표가 숨어 있는 악보를 해독한다. 가슴 속에 동부 콩알만 하게 간직하고 있던 할아버지의 슬픔이 콩노굿 일듯 서러운 목청으로 일어선다. 할아버지가 못다 부른 노래를 가만가만 따라 부르는 내 가슴에 찔레꽃 향기가 눈물처럼 고인다. 콩노굿 내 할아버지, 섬돌 위 검정 고무신 내 할아버지, 불운한 시대의 뒤안길로 사라지신 그 할아버지의 뒷모습에 하얀 찔레꽃이 눈꽃 되어 내린다.

작은 대문

우리 집에는 두 개의 대문이 있었다. 바깥마당을 지나 큰길로 향해 나 있는 큰 대문과 개울물과 비탈밭을 품고 있는 뒷산으로 향해 나 있는 작은 대문이었다. 모양새나 크기는 비슷했지만 한 집에 두 대문이 있으니 그렇게 구분하여 불렀다. 앞산에 뿌연 해가 막 떠오르기 시작할 무렵이면 할아버지는 그 두 대문의 빗장을 차례로 풀어내셨다. 삐이걱, 하고 대문이 열리던 소리는 아침이 왔으니 어서들 일어나라는 소리였다. 집 안을 향한 그 거역할 수 없는 소리에 식구들은 물론이고 뒤꼍 늙은 살구나무마저도 선잠에서 깨느라 푸르르 잔가지를 떨었다.

아스라하게 동구 밖이 내다보이던 큰 대문을 통해 우리들은 학교를 다녔고 어른들은 오일장이나 대소사에 출입하셨다. 큰 대문으로 가끔 기별 없는 손님이 찾아오기라도 하는 날이면 한쪽 신발을 채 걸치지 못하신 할머니의 반가움이 기우뚱거리며 달려 나갔다. 시집 간 딸을 배웅하는 할머니가 젖은 눈시울로 오래도록 붙잡고 서 계시던 것이 또한 그 대문이었다. 작은 대문은 주로 할아버지가 드나드셨다. 푸작나무를 한짐 지거나 흙 묻는 논일을 마치고 오면서 작은 대문을 이용하셨다. 두엄더미 같은 걸 실어내고 돌아오실 때면 늘 개울물에 손발을 닦고 오셨다. 그래서 언제나 질컥이는 고무신 소리가 할아버지보다 한발 앞서 작은 대문을 넘곤 했다. 큰 대문간은 언제나 정갈하게 치워 있었지만 작은 대문간에는 쇠죽솥이 걸려 있었고 갖가지 연장이 걸려 있었으며 나뭇단이 수북이 쌓여 있었다. 할아버지가 손수 지으신 그 집의 작은 대문 문턱은 할아버지 나이를 따라 완만하게 소리 없이 닳아 갔다.

겨울이 떠날 채비를 하고 미온의 봄볕이 동구 밖을 서성이기 시작하면 할아버지는 봄을 초대하는 입춘방을 크게 써서 두 대문에 붙이셨다. 할아버지의 입춘방으로 시작된 봄은 서걱거리며 얼어 있던 흙을 부드럽게 풀어 주고 나무들은 가지 끝마다 젖꼭지 같은 몽우리를 매달았다. 그 봄이 찾아오고 나면 학교에서 돌아온 나를 반기는 건 텅 빈 집 안을 지키고 있는 적막뿐이었다. 앞마당은 빈 바지랑대만 걸려 있고 드문드문 낮부엉이 소리만 들려왔다. 그런 날이면 나는 작은 대문을 팔랑 뛰어넘어 산비알로 내달렸다. 지칭개가 지천인 저수지 둑을 오르면 영락없이 하얀 등을 내보이며 비탈밭에 앉아 계신 어른들이 한눈에 들어왔다. 봄볕이 서늘해질 때쯤에야 일어설 어른들을 기다리며 밭둑에 쪼그리고 앉아 생강나무 노란 꽃과 봄풀잎으로 밥과 반찬을 만들며 놀다 보면 밭둑 위 선산에서도 낮부엉이가 울어댔다.

저녁을 먹고 난 뒤에도 우리 집 대문은 그대로 열려 있었다. 작은 대문 밖 외양간의 소가 아직 잠들지 않은 까닭이요 행여 마실을 오실지도 모르는 동네 어른들의 발길 때문이었다. 밤이 깊어서야 할아버지는 헛기침 소리를 내며 앞마당을 가로질러 다시 삐이걱, 소리를 내며 대문을 닫고 빗장을 지르셨다. 그 소리에 토방 위 누렁이는 마루 밑으로 들어가고 마당에 흥건하던 달빛도 숨을 죽였다. 그리고 끝으로 집 안의 모든 불이 꺼졌다. 대문이 닫히는 소리, 그 소리는 이제 밤이 깊었으니 모두 잠자리에 들라는 무언의 지시였다. 대문을 여닫는 일은 할아버지 고유의 보살핌이자 한 집안을 통솔하는 권위의 상징 같은 것이기도 했다.

황아장수나 동냥자루를 든 걸인에게도 활짝 열려 있던 대문을 넘지 못하는 것이 한 가지 있었으니 바로 불길한 통보인 부고장이었다. 처음 태어났을 때는 세이레 동안이나 고추 달고 솔잎 달아 좋은 기별의 금줄로 내걸렸던 대문, 하지만 불귀의 객이 되어 떠나면서 남긴 한 장의 부음은 그 어떤 대문도 넘지 못했다. 돌담 틈에 끼어 있는 부고장을 발견한 할아버지는 누런 부고 봉투를 들고 집 밖을 에둘러 바깥 뒷간으로 가셨다. 작은 대문 너머 외따로 지어 있던 그 뒷간은 주로 할아버지가 사용하시는 공간이었다. 부정한 모든 것들로부터 식구들을 품어 보호하고 싶었던 할아버지는 자신만의 공간 옆에 귀신이 싫어한다는 왼 새끼줄을 매달아 부고장들을 엮어 놓으시곤 했다. 이미 하얗게 탈색된 부고 봉투들 틈에 새 부고장을 하나 더 추가하던 할아버지는 만감이 교차하셨을 법도 한데 헛기침을 두어 번 했을 뿐 완강한 뒷모습을 보이셨다.

일흔일곱 해, 태어나신 그 동네를 떠난 적이 없던 할아버지도 끝내는 한 장의 부음이 되었다. 의식이 없던 상태에서도 고모가 넣어드린 쌀밥 한 숟갈을 애써 넘기신 뒤 한숨을 길게 내쉬고 긴 세월, 한 집안을 거느렸던 대주의 역할에서 손을 놓으셨다. 도시의 아들 집에서 돌아가신 할아버지는 운구차에 실려 고향 집의 큰 대문 밖 바깥마당을 한 바퀴 휘이 돌아 작은 대문 앞에 잠시 멈춰 섰다. 그리고 고단했던 삶이 드나들던 문턱에 작별을 고한 뒤 비탈밭이 내려다보이는 선산으로 향했다. 할아버지는 돌아가신 뒤에도 오랫동안 우리 식구들 마음의 대주 자리에 앉아 계셨다.

아침나절, 창밖에는 명주실 같은 봄볕이 내려앉기 시작하고 있다. 할아버지의 입춘방이 붙지 않아도 봄은 올 것이고 옛날 그 집의 마당가 석류나무엔 푸른 움이 오르고 있을 것이다. 할아버지가 묻힌 선산 밑 그 밭에는 그때처럼 생강나무가 샛노란 꽃들을 보푸라기처럼 피워내고 있을지도 모르겠다. 할아버지는 숙명처럼 작은아들로 태어나 큰아들에게 모든 것을 양보하고 밖의 세상으로 나 있는 큰 대문보다는 고된 일거리를 향해 열려 있던 작은 대문을 많이 사용하다 떠나신 분이다. 자식들을 큰 대문 너머 대처의 세상으로 다 떠나보내고도 섭섭한 기색 없이 여전히 남은 생을 작은 대문과 가까이 사셨던 할아버지의 삶은 바로 그 작은 대문을 닮았다. 그 할아버지가 그리워지는 봄날이다. 아니, 할아버지를 그리워하기엔 가신 세월이 너무도 멀고 내가 그리운 건 할아버지가 여닫으시던 대문 소리인 것 같기도 하다. 혹은 내가 정작 그리운 건 대문 소리 하나로 한 집안을 통솔하시던, 이 시대가 잃어버린 대주의 권위 같은 것일지도 모르겠다.

보따리

 나는 도시에 있는 고등학교에 진학하기 위해 가족과 함께 살던 소읍을 떠났다. 입학식 며칠 전부터 눈물 바람을 하던 어머니는 보따리를 싸기 시작했다. 이렇게 떠나면 다시는 내 품으로 돌아와 살날이 없을 것이라며 중얼중얼, 그냥 읍내의 여고에 다닐 것을 그랬나 싶다며 중얼중얼, 어머니 혼잣소리가 늘어갈수록 보따리의 수도 늘어갔다.

 낯선 도시의 작은 자취방으로 그 보따리들이 이사했다. 어머니는 제일 먼저 자투리 천으로 만든 꽃무늬 조각 이불을 아랫목에 펴놓고 구들이 제대로 덥히는지 자꾸 손을 넣어 보셨다. 한 달 치 연탄과 문손잡이보다 더 커 보이는 자물통을 사 오고 소꿉 같은 살림 세간살이 자리를 정해 주셨다. 풀어 낸 보자기들을 한데 묶어 보따리 하나를 만들더니 베개 삼아 누운 어머니는 늦도록 잠들지 못하는 기색이었다.

학교에서 돌아와 어머니의 부재를 느끼며 방문을 여니 아침까지 맨 유리창이던 쪽창에 아주 작은 커튼이 달려 있었다. 밤새 골목으로 난 손바닥만 한 창이 신경 쓰인다며 아예 여닫지 못하게 못질하시더니 떠나기 전에 즉흥적으로 만들어 다신 듯했다. 어머니는 평소 조각이불 만들고 남은 천으로 보자기를 만드셨다. 그 보자기 하나를 뜯어 손바느질로 주름잡아 만든 커튼은 촌스러웠다. 하지만 저녁이 되면 서향의 창에 노을이 물들어 앞치마만 한 커튼에 작은 꽃들이 피어나 초라한 방이 아늑해졌다.

혼자 눕는 자취방은 무섭도록 적막했다. 주인집 식구들 떠드는 소리와 창문 밑 골목을 지나가는 사람들의 발소리만이 터무니없이 크게 들려왔다. 날마다 밤이 되면 기차는 달가닥 달가닥, 내 잠을 동강내며 지나갔고 돌아누울 적마다 마른 볼이 쓰리도록 눈물이 흘렀다.

가끔 집으로 내려가서 하룻밤을 자고 떠나려면 마루엔 어김없이 보따리들이 기다리고 있었다. 시간이 지나도 어머니의 보따리는, 보따리를 실어 주고 차창 밖에 서 계시던 어머니의 모습은 여전히 촌스러웠다. 도시는 낯선 불빛들로 가득했고 작은 커튼이 쳐져 있던 그 방에서 어머니가 싸주신 보따리를 풀며 후두둑 떨어지던 눈물도 여전했다. 어머니의 보따리엔 어머니를 닮은 초라하고 따뜻한 것들이 들어 있었다. 보따리는 어머니의 마음이었고 딸에게 건네는 세상에 존재하지 않는 어머니만의 언어였다.

언제부턴가 새벽에 전화가 울리면 더럭 겁이 난다. 얼마 전 이른 아침에 걸려 온 동생의 전화가 그랬다. 두 번째로 쓰러진 어머니는 한방병원 집중치료실로 옮겨졌고 발음이 너무 어눌해 무슨 말씀을 하는지 도통 알아들을 수가 없었다. 붙잡는 현실의 손들을 뿌리치며 서둘러 공항으로 갔다. 어머니는 평생을 기약하며 자식을 키우셨지만 내가 어머니께 기약할 수 있는 시간은 보름 남짓이었다.

한방병원에서 갇혀 있는 시간은 또 나름대로 빠르게 지나 다시 떠나와야 할 아침이 되었다. 이른 아침 병실 문을 열자 눈길이 마주친 어머니는 간병인부터 부르신다. 손짓으로 챙겨 온 큼지막한 보따리엔 시골 지인들이 문병 길에 가져온 깐밤과 반건조 곶감, 똥을 빼낸 볶음용 멸치와 들기름, 말린 서대, 고춧가루, 초봄에 캐온 쑥으로 만든 떡 반죽에 병원 앞 모퉁이 길에서 팔던 쌀 튀밥까지 한 봉지 들어 있다. 수족을 쓰지 않고도 맏딸이 좋아하는 것만 모아 보따리를 쌀 수 있는 어머니는 보따리 싸기의 달인 같았다.

통관이 염려되었지만 어머니의 보따리는 냉큼 받아드는 것만이 최상의 보답이었다. 어머니는 눈을 마주치지 않은 채 빨리 가라고 성한 한쪽 손을 내두르며 딸을 밀어내셨다. 언제나 어머니의 이별법은 보따리와 손짓이었다. 밀려나듯 병실을 나온 나는 이른 아침의 서울 거리, 그 낯선 부산함을 눈물로 뿌옇게 지워가며 어수선한 공항에 닿았다. 한국을 떠나올 때마다 겪는 감정이지만 비행기 이륙을 느끼며, 작아지는 한국 풍경을 내려다보면 괜한 서러움이 가슴에 맺힌다. 언제 다시 뵐 수 있을지 모르는 어머니를 두고, 마지막이 될지도 모르는 어머니의 선물 보따리를 안고 오는 이번 길은 더욱 그랬다. 무사히 미국에 안착하여 도착 인사를 하니 어머니는 통역사인 간병인을 통해 먼저 보따리의 안부부터 물으셨다.

뉴욕에서 대학에 다니는 딸아이가 온다는 전화를 받고 이번엔 무얼 해주나 궁리하다가 문득 냉동실의 그 쑥 반죽이 생각났다. 먼 하늘길을 다녀갈 딸을 위해 만들어준 쑥 반죽을 꺼내어 나 또한 멀리서 오는 나의 딸을 먹이려고 반달 같은 송편을 만들었다. 내가 그랬듯이 아이도 이제 내 품으로 돌아와 살날은 없을 것이다.

어머니의 혼잣소리는 늘 세상 사는 이치이자 진리였다. 일요일 오후, 아이가 떠난다. 늘 배웅해 주는 큰아이의 차가 뒷걸음질 치는데 문득 쑥 송편이 생각났다. 나는 다급히 차를 세우라고 손짓했다. 이른 저녁을 먹고 떠나는 아이의 가방에 떡을 넣어 주며 밤에 출출하면 먹으라고 당부한다. 내 목소리에서 그 옛날 어머니를 느낀다. 차가 보이지 않을 때까지 손을 흔든다. 그 모습 역시 멀어지는 차부에 서 계시던 어머니를 닮아 있다.

　맞은편 숲으로 저녁 해가 떨어지고 있다. 빛날수록 나를 더욱 외롭게 했던 흥건한 불빛의 세상으로 가는 아이, 그 달가닥거리던 기차를 타고 떠나는 아이, 아이도 그 불빛을 보며 외로움을 느낄까. 외롭고 서러울 때마다 자꾸 높이를 올려다보던 '꿈꾸는 사다리'는 가지고 있을까. 주방으로 들어서니 소쿠리 안에 알맞게 말랑해진 쑥 송편이 아직 몇 개 남아 있다. 어둑해지는 창밖을 느끼며 이층으로 오르는데 가슴에 쓸쓸함이 쑥덩이처럼 얹힌다. 먼지 나던 작은 차부, 언제까지나 돌아서지 않고 종이처럼 허적하게 서 계시던 어머니가 보인다. 그 어머니가 평생 내게 싸주었던 보따리들이 보인다. 짐짓 밀어내고 싶었던 적도 있었던 그 숱한 보따리를 풀며 그때는 몰랐었다. 어머니의 삶이 얼마나 아득바득하고 고단한 것이었는지, 가끔은 어머니의 삶에도 팔뚝에 돋는 소름처럼 한속이 드는 시간들을 통과해야 했다는 것을 그때는 몰랐었다. 어머니의 바다엔 이제 석양이 내리고 있다. 고단한 시간들이 출렁이고 지나간 자리, 더는 건져 올릴 것이 없는 저무는 바다에서 어머니는 무얼 하고 계실까. 아니, 또 어떤 보따리를 싸고 계실까.

제5부

저 달이
그 달일까

저 달이
그 달일까

 섣달그믐께 새벽하늘에 바짝 자른 손톱같이 떠 있던 달에 살이 오르는 속도는 아주 빨랐다. 정월 초승을 지나 보름을 향해 가는 동안 동네는 가난한 집에도 먹을거리가 남아 있어 넉넉한 분위기가 지속되었다. 어느 집엘 가도 고방에는 설을 지내고 남아 있는 법쌀산자나 찰시루떡 귀부레기가 몇 조각씩은 남아 있기 마련이었다. 장독대 위의 귀때동이 속에는 살얼음이 살짝 언 식혜도 두어 사발쯤은 남아 있었다. 대보름이 다가오면 얼어 있던 땅도 부드럽게 살을 풀기 시작하고 사람들은 서서히 바빠졌다. 남자들은 겨우내 그 많은 나뭇단을 먹어 치우고도 허기진 입을 벌리고 있는 아궁이를 위해 다시 아홉 단의 나무를 해왔다. 또한 새 농사를 위해 거름 아홉 짐을 들로 져 나르기도 했다. 여자들은 담벼락에 매달려 그악스런 겨울바람을 견딘 무청 시래기나 말려 두었던 호박고지나 가지고지, 토란 줄기, 아주까리, 다래 순을 꺼내 아홉 가지 반찬을 만들었다.

  나물 반찬은 겨우내 모자랐던 비타민을 섭취할 수 있는 좋은 음식이었다. 묵은 빨래를 해도 아홉 가지, 물을 길어와도 아홉 동이를 길어 왔다. 아홉이라는 숫자를 가장 상서로운 숫자로 여긴 까닭이요, 아홉은 가장 큰 숫자이니 많이 할수록 좋다는 뜻을 품고 있었던 때문이다.

  겨울이 오면 두 살 아래 남동생은 하루 종일 연을 날리느라 논배미나 뒷동산으로 쏘다녔다. 바람이 흘러가는 쪽으로 얼레를 풀고 조이며 손끝으로 느껴지는 팽팽한 비상을 쫓아다니느라 동생의 두 볼때기는 언제나 빨갛게 터져 있었다. 그러다가 연이 늙은 살구나무 가지에라도 걸려 버리는 날이면 난감하기 이를 데 없어 했다. 바람 부는 쪽으로 꽁지만 파들거리는 가오리연을 바라보는 동생의 표정은 지난여름 장마로 물이 분 냇물에 고무신 한 짝을 떠내려 보냈을 때 그 표정과 똑 닮아 있었다. 하지만 어차피 보름날이 지나고 나면 그 누구도 연을 가지고 놀 수 없었다. 대보름 전날이 되면 겨우내 아이들이 띄우고 놀던 하얀 연들은 날이 저물기 전에 얼레의 실을 끝까지 풀어 하늘로 날려 보내거나 달집에 던져 태워야 했다. 봄이 오면 바빠질 들녘에서 한가하게 놀이하는 일은 금기였기 때문이었다. 아칠아칠, 허공으로 사라지거나 타닥거리는 불더미 속으로 타들어 가는 종이 연을 바라보며 어린아이들은 이별하는 법을 배워야 했다.

보름날이 지나고 나면 들판 위 하늘은 텅 비어 버리고 그 자리로 부지런한 종달새가 띄엄띄엄 날아들기 시작했다. 봄이 저만치 오고 있다는 표시였다. 청보리밭에 강물 같은 봄바람이 일렁일 때쯤이면 온 하늘은 종달새들의 차지가 되었다. 머리 위에 작은 왕관을 얹은 종달새들은 두엄더미를 지고 가는 농부들의 지겟다리 위까지 내려왔다가는 다시 창공으로 튕겨져 올라가며 높은음자리로 노래를 불러 댔다. 봄은 그렇게 종달새들이 물고 왔다.

대보름이 가까우면 동생이 정신없이 찾아다니는 것이 또 하나 있었으니 빈 깡통이었다. 언젠가 꿈에 떡 얻어먹기 식으로 황도인지 백도인지 통조림을 먹었던 기억은 또렷한데 그 빈 깡통이 어디로 갔는지는 행방이 묘연했다. 돌멩이를 넣어 학교를 오갈 때 발로 차고 다니다 사라진 그 깡통이었던 것 같기도 하고 아닌 것 같기도 했다. 조바심이 난 동생의 마음은 급기야 옆집 사립에 달아 놓은 깡통으로까지 달려갔다. 빈 깡통에 돌멩이를 넣어 사립문을 열 때마다 딸그랑거리는 소리가 나도록 만들어 놓은 오늘날의 초인종인 그 깡통을 탐내는 순간쯤이 되어서야 할머니는 미리 숨겨두었던 빈 깡통을 동생에게 옛다, 하면서 내밀었다.

보름날 즈음이 되면 할아버지는 도랑가에서 주워 온 얄팍한 돌멩이들을 대추나무 가지 사이마다 끼워 넣으셨다. 그렇게 대추나무도 시집을 보내줘야 늘어진 가지마다 다닥다닥 대추 꽃을 피우고 또 꽃이 진 자리마다 푸른 대추를 실하게 맺어 놓았다. 깡통에 구멍을 내다가 아까운 깡통만 찌그러트려 본 경험이 있는 동생은 대추나무 시집 보내기에 여념이 없는 할아버지를 졸라댔다. 말수가 적은 할아버지였지만 아시는 게 많아 빈 깡통에도 흙을 잔뜩 채워 넣은 다음 대못과 망치를 이용해 구멍을 숭숭 뚫어 주셨다.

옆구리에 철사줄을 매달아 쥐불 깡통이 완성되면 빈 깡통 하나에 온 세상을 다 얻은 듯 신이 난 동생은 대문 밖으로 뛰어나갔다. 삼동네 아이들이 모여 펼쳐질 쥐불놀이 예행연습을 하기 위해서였다. 솔가리나 솔방울로 밑불을 붙인 다음 관솔을 가득 채워 한 팔로 휙 휙, 소리가 나도록 돌리면 바람을 만난 불씨가 윙윙, 소리를 내며 불꽃을 토해냈다. 어둠 속에서 자전거 바퀴처럼 타오르던 불깡통을 들고서 옆 동네를 향해 전의를 불태우던 녀석들의 코끝은 깜장 그을음이 잔뜩 묻어 있었다. 불티가 튀어 설빔으로 얻어 입은 다우다 잠바에 구멍을 숭숭 뚫어 돌아오는 날이면 동생은 슬금슬금 어머니 눈을 피해 이불 속으로 숨어들었다.

해마다 한 뼘씩이나 집터로 내려오던 번식력 강한 생대나무들이 달집을 만들기 위해 베어졌다. 달집은 위뜸과 아래뜸이 갈리는 세 갈래 길에 세워졌다. 동네 장정들이 모여 생대나무로 기둥을 세우고 볏짚과 생솔가지를 하늘 높이 쌓아 올려 만들었다. 불길이 오르면 생대나무 마디 터지는 소리가 타닥거리고 불똥이 하늘로 튀어 올랐다. 진한 솔향기가 달빛을 타고 들판으로 퍼져나가기 시작하면 온 동네 사람들이 달집 주위로 모여들기 시작했다. 어스름 녘부터 빈 볏가리 사이를 돌아다니며 숨바꼭질하던 아이들과 귀밑머리 고운 동네 처녀들도, 자박지에 설거지를 담가둔 아낙네들도 달집으로 모여들었다. 사람들은 한해의 안녕과 무운을 빌며 달집 주위를 돌았다. 타는 달집에 얼굴이 발개져 집으로 돌아오는 내 등 뒤를 푸른 달빛이 따라왔다.

윗방에는 시루번을 두른 질시루로 차지게 쪄낸 오곡밥과 계피 향이 물든 약밥동구리가 나를 기다리고 있었다. 자정 전에 잠이 들면 눈썹이 하얘진다는 어른들 말씀에 잠도 못 자고 풀 방구리에 쥐 드나들 듯 윗방을 넘나들며 찰밥과 약밥을 쥐어 먹던 그해 내 나이는 열 살이었던가. 열한 살이었던가. 하늘엔 화등잔만 한 보름달이 떠 있었고 건넌 마을 누렁이도 쉬이 잠들지 못하는지 둥그런 달을 향해 컹컹 짖어대는 소리가 이따금씩 들려왔다.

며칠 전부터 출근하는 동편 하늘머리에 하얀 낮달이 떠 있다. 누가 베어먹다 버린 얼음과자처럼 한쪽이 잘려나간 모습이다. 저 달이 그 달일까? 그 많던 종이 연들이 아칠아칠 꼬리를 흔들며 사라져간 곳을 알고 있을 그 달일까? 달집을 태우다 말고 사라진 막냇삼촌이 첫사랑 그 처녀의 손을 잡고 찔레울타리 곁을 지날 때 당산나무 가지 사이로 살짝 비켜 앉아주던, 바로 그 달일까?

여름 산,
그 너머

 여름방학이 되면 나는 늘 남동생과 함께 외가에 갔다. 방학이 시작되는 날 떠나 개학하기 바로 전날이 되어서야 다시 돌아올 만큼 외가를 좋아했다. 탈탈거리는 완행버스를 타고 외가 마을 앞에 내리면 버스 꽁무니가 내뱉은 뿌연 먼지가 걷히면서 제일 먼저 납작하게 엎드려 있는 작은 가게가 눈에 띄었다. 사탕 봉지나 뽑기 풍선, 팔각 모양의 아리랑 성냥도 팔았고 금잔디나 청자 담배도 있던 그 가게의 창틀은 언제나 먼지가 뽀얗게 앉아 있었다.

 메뚜기들이 수선스레 흩어지는 들길을 가로질러 바람이 불 때마다 짤랑짤랑 소리를 내는 미루나무 밑을 바삐 걸어갔다. 야트막한 산모퉁이를 돌면 감나무 한 그루가 외양간에 기대어 서 있는 외가가 보였다. 외가의 대문 앞에 도착하면 먼저 문간의 옥잠화가 정갈한 잎 사이의 옥비녀 같은 하얀 꽃을 흔들며 우릴 반겼다. 손주들이 대문 안으로 들어서기도 전에 외할아버지는 보리쌀 자루를 지게에 얹고 원두막으로 과일을 사러 가셨다. 외할머니는 마중물 한 바가지를 붓고 한여름에도 한기가 오소소 돋는 펌프 물을 끌어 올리셨다. 그 물에 신작로의 먼지를 뒤집어쓰고 온 우리들을 개운하게 씻겨 마루로 올려 보내시고 보리쌀 한 자루와 바꿔 오신 여름 과일들을 동동 띄워 놓으셨다.

손이 귀한 외가의 맏자식이었던 어머니를 출가시키고 자주 볼 수 없는 대신 방학만 되면 찾아오는 어린 손주들에게 쏟아지는 두 분의 사랑은 특별했다. 외할아버지는 우리가 도착하기 며칠 전부터 손주들이 행여 걸려 넘어질까 동네 앞길에 박혀 있는 작은 돌멩이까지 다 뽑아 놓으셨다. 외할머니는 달콤한 팥소를 넣은 찐빵이며 살찐 반달 같은 수수부꾸미, 콩떡이며 감자떡 같은 걸 준비하셨다.

동생과 나는 외할아버지가 만들어 주신 싸리나무 잠자리채를 들고 매미나 잠자리를 잡으러 다녔다. 아침 햇살에 빛나는 거미줄을 탱탱하게 감아 매미 소리가 나는 뒤란 감나무나 싸리 울타리에 숨죽여 다가가다 보면 콩닥콩닥 가슴 뛰는 소리가 귓등으로 들려왔다. 끈적이는 거미줄에 붙어 파들거리는 매미 중에는 삐쪼-시 삐쪼-시 하고 울던 삐쪼시 매미나 매양매양매양-하고 울던 매양 매미가 많았다. 저녁을 짓는 외할머니 곁에 쪼그리고 앉아 있으면 뒤란으로 난 부엌문으로 매양 매미가 자주 울었다. 시집간 가난한 누이 집에 얹혀살던 한 소년이 배가 고파 누이에게 밥을 달라 하니 매형이 오면 같이 주겠노라 해 뒤뜰 장독대에 앉아 매형을 기다리다 지쳐 죽었다 한다. 그 죽은 동생이 매미가 되어 매양 매양, 꼭 집 뒤의 나무에서 우는 거라며 할머니는 매미의 전설을 이야기해 주셨다. 그래서 여름이 오고 매미가 울면 지금도 그때 들었던 슬픈 매미 이야기가 생각난다.

분꽃이 향기를 토해 내는 마당에 들마루를 놓고 저녁을 먹고 나면 하늘에 별들이 모이기 시작했다. 별과 같이 나타나는 것이 또 있었는데 앵앵 소리를 내던 모기였다. 외할머니는 풍년농약사인지 풍농농약사인지에서 얻어온 부채로 연신 부채질을 해주셨고 외할아버지는 다북쑥이나 엉겅퀴 혹은 생 보릿대를 태워 모깃불을 지피셨다. 싸한 쑥내와 함께 매캐한 모깃불이 지펴지면 모기들은 농기구들을 두던 헛간이나 사랑채 쪽으로 달아나 버렸다. 참외나 수박을 배부르게 먹고 들마루에 누워 하늘을 보면 은하수가 강처럼 하늘을 흘러가곤 했다. 벼 포기를 가슴에 안은 밀짚모자 농부의 얼굴이 부채 바람을 따라 가까워졌다 멀어졌다 하며 잠을 몰아왔다.

들마루에서 잠든 우리를 외할아버지가 번쩍 들어 방 안의 모기장 안으로 옮겨 뉘이셨다. 우리는 방학 책이나 목침, 혹은 벗어 놓은 옷가지들로 네 귀퉁이가 눌려 있던 하늘색 모기장 안에서 잠을 잤다. 배부르게 먹은 과일 때문에 한 번씩 잠이 깨졌다. 깊은 밤에 반쯤 감은 눈으로 볼일을 보노라면 살찐 별들이 하늘에서 마당 끝까지 내려와 있었다.

여름방학 중엔 꼭 장맛비가 왔다. 숨이 찬 여름 소나기들이 나무들을 푸우 푸우 흔들어대기도 하고 앞마당에 피어 있던 칸나 과꽃의 목을 부러트리기도 했다. 그런 날이면 외할머니는 뒤란 장독대에 피어 있던 봉숭아 꽃잎을 따서 내 열 손가락에 꽃물을 들여 주셨다. 오목한 돌멩이에 꽃잎과 백반을 같이 놓고 작은 돌로 찧어 내 손톱 위에 작은 꽃 무덤을 올려놓으셨다. 콩잎으로 돌돌 감아 무명실로 칭칭 동여매어 주시며 어쩌면 작은 네 손은 엄마를 꼭 빼닮았구나 감탄하셨다. 마당에는 장맛비가 스미고 내 손톱에는 꽃물이 스미던 그 비릿한 꽃 냄새의 밤은 빗소리에 갇혀 아늑했었다.

그 손톱에 하얀 초승달처럼 새 손톱이 자라 나오면서 여름은 쉽게 지나갔다. 빨랫줄을 고여 놓은 바지랑대 끝에 빨간 고추잠자리가 날아들고 늦여름을 장식하는 참매미가 왕왕 큰소리를 내며 시끄럽게 등장하면 여름이 떠날 채비를 한다는 징조였다. 우리가 외가를 떠나야 한다는 표시이기도 했다. 들마루에서 올려다보는 밤하늘에 은하수가 서서히 중앙 하늘로 옮겨 앉기 시작하면서 새벽녘엔 찬 기운이 모기장 안으로 밀려들었다. 동생과 나는 밀린 일기나 다듬잇돌 밑에 눌러 두었던 말린 풀잎들을 꺼내 식물채집 숙제를 마무리하느라 바빠졌다. 우리 곁에서 어제나 지나간 날의 날씨와 풀 이름을 일러주시던 외할머니는 떠나보내야 할 우리들이 아쉬우신지 자꾸만 머리를 쓰다듬곤 하셨다.

친가로 돌아가는 날 아침의 외갓집은 어느 날보다 부산스러웠다. 외할아버지는 지게에 짐을 얹고 점심과 과일까지 배부르게 먹은 우리는 햇빛이 좀 사위어가는 시간을 택해 지름길인 산을 넘어 친가로 향했다. 에둘러 갔던 찻길보다 훨씬 가까운 산길이었지만 외할아버지가 없으면 엄두도 못 내는 길이었다. 사라질 듯 나타나던 좁은 산길은 등성이를 넘고 산 도랑을 끼며 혹은 바위 밑을 둘러 나 있었다. 가을이 다가오는 산에는 군데군데 꽃이 피어 있기도 했다. 주홍색 꽃분을 재채기하듯 털어 내는 산나리나 일찍 핀 보라색 쑥부쟁이를 꺾다 보면 외할아버지가 장난삼아 숨어버리기도 했다. 어린 남매가 울음을 터뜨리기 직전에야 나타나 너털웃음을 웃으시던 할아버지의 손에는 샛노란 산나리가 들려 있었다.

이별해야 하는 마지막 산 등성이에 서면 버섯같이 오그린 초가집들이 옹기종기 모여 있는 친가 마을이 훤히 내려다보였다. 할아버지는 지게에서 내린 짐을 똑같이 나눠 남매의 등에 지워 주시고 미리 준비하신 막대기를 하나씩 손에 쥐어

주셨다.

  외할아버지가 일러 주신대로 막대기로 풀숲을 탁탁 두드리며 음력 칠월의 산을 내려올라 치면 독사가 나타날지 모르는 두려움도 컸지만 무성한 숲에 가려져 이내 보이지 않게 된 외할아버지를 향한 그리움이 더 컸다. 잘 내려가고 있는지 확인하시느라 간헐적으로 남매의 이름을 부르는 외할아버지의 목소리가 메아리쳐 들려왔다. 할아버지의 부름에 화답을 해야 안심하실 텐데 금방 헤어진 외할아버지가 목메이게 그리워 눈물이 솟구치고 대답은 목울대 안으로 숨어들었다. 간신히 대답을 올려 보낸 뒤 눈물로 어룽지는 산길을 내려왔다. 외할아버지가 동생의 등짐에 묶어 주신 산나리 꽃묶음이 동생의 걸음을 따라, 내 눈물을 따라 노랗게 어룽지며 흔들렸다.

  그날 밤 해거름에 산길을 혼자 돌아가셨을 외할아버지가 걱정되어 자꾸만 올려다보던 앞산 꼭대기에도 외가의 마당 끝에 내려와 있던 빛나는 별 몇 개가 똑같이 걸려 있었다. 다시 여름은 오고 그 산의 꽃들은 그때처럼 피어 있겠지만 다시는 동행할 수 없는 세월 너머의 여름 산, 그 너머 외갓집은 이제 지상에 존재하지 않는다. 다만 여름방학의 아름답던 기억만이 손톱 끝에 남아 있던 봉숭아 꽃물처럼 선명한 아름다움으로 내 가슴에 물들어 있다.

가을
운동회

 여름내 혼자 피어 빈 학교를 지키던 칸나가 꽃 피우기를 그만둘 때쯤이면 가을 운동회를 열었다. 동네 잔치 날이기도 했던 운동회 날은 풀 끝의 이슬이 찬 공기를 만나 서리가 되는 한로가 되기 전쯤에 열렸다. 일손이 모자라 부지깽이도 덤벼들어야 한다는 상강이 되기 전에 열려야만 동네 사람들이 다 즐길 수 있기 때문이었다. 아침마다 괘종시계 밑에 걸린 달력을 보시고 절기를 헤아리시던 할아버지는 운동회 전날이 되면 쇠죽솥에 물 데워 목욕까지 하셨다.

 한쪽 다리를 살짝 저시던 소사 아저씨는 운동회 전날이 되면 운동장을 빙 둘러 타원형의 홈을 파고 물 주전자에 횟가루를 담아 하얀 트랙을 만드셨다. 국기 계양대를 중심으로 담벼락 대신 서 있던 늙은 벚나무 가지에 방사선으로 만국기를 거는 일도 소사 아저씨의 몫이었다. 저물녘의 빈 운동장에서 펄럭이는 만국기를 보고 나는 처음으로 가슴이 뛰는 것을 경험했다.

운동회 날 아침 사랑마루 위에 뽀얗게 씻어 놓은 할머니의 코빼기 고무신까지 확인하고 대문간을 나서면 감나무 꼭대기에 앉아 기다리던 까치 한 마리가 꽁지를 까불며 앞장을 섰다. 운동장에는 벌써부터 목 좋은 곳을 골라 풍선 장수, 딱총 장수, 솜사탕 장수, 과일 장수와 요란한 피리 소리로 동심을 끌어들이는 장난감 장수가 자리를 잡아가기 시작했다. 점심시간은 멀었는데 장작불 무쇠솥 속에서는 이미 돼지국밥이 설설 끓기 시작했다.

교장 선생님의 말씀으로 시작된 운동회는 "하나두울세엣 네엣 다스여스일고오여덜" 국민체조로 이어지고 하얀 체육복을 입은 선생님이 하늘을 향해 딱총을 쏘아 올리면서 저학년의 달리기가 시작되었다. 치수 큰 신발 때문에 달리다 신발이 벗겨진 아이나 옆 사람의 발에 걸려 넘어진 아이는 땟국 섞인 눈물로 울음보를 터트렸다. 발뒤꿈치 올리고 고개를 빼며 서서히 달아오르던 운동회는 꼭두각시춤과 소고춤, 곤봉체조, 마스 게임에서 장대에 묶어 놓은 보름달만 한 박 터트리기로 이어졌다. 콩오재미 팥오재미의 세례를 못 견디고 터져버린 박에서 오색 꽃종이 가루가 날리면 점심시간이 되었다.

아이들은 빼곡한 사람들 사이에서 용케도 식구들을 찾아냈다. 밑동 터진 벚나무 아래나 노간주나무 울타리 곁, 혹은 백일홍꽃 목이 부러져 있는 앉은뱅이화단 앞에 자리 잡고 앉아 점심을 먹었다. 입 안에 삶은 계란을 욱여넣고 딱종이를 사러 가는 동생을 붙잡아 할머니는 미지근한 사이다를 먹였다. 어머니에게서는 모처럼 바른 코티 가루분 냄새가 은은하게 퍼졌다. 홍옥 한입을 베어 물면 아귀가 아플 만큼 단맛과 신맛의 기막힌 조화가 느껴졌다. 추억을 맛으로 표현하라면 그 홍옥의 맛이 아닐까.

국방색 낡은 확성기에서는 끊임없이 행진곡이 흘러나오고 하늘에는 반나절을 끌어안고 먹어도 못 먹을 것 같은 구름이 떠 있었다. 바람 타고 멀어졌다 가까워졌다 하며 가까운 마을의 어귀까지 날아가던 행진곡의 이름은 개선행진곡이나 위풍당당행진곡, 혹은 군대행진곡이었던 것 같다. 운동회의 주인공이었던 우리들의 어깨를 이집트의 무장보다 더 당당하게 만들어주던 그 웅장한 리듬은 지금도 가을이 되면 한 번씩 어깨 너머로 들려오는 듯하다.

점심 식사 후 달리기 시합이 이어지고 목구멍에서 콩 비린내가 나도록 달려 보아도 나는 늘 꼴찌를 면치 못했다. 아침부터 엎치락뒤치락하던 청군과 백군의 승부는 손에 물집이 잡히며 잡아당기던 줄다리기로 이어졌다. 마침내 그날의 승부가 결정되는 사백미터 계주는 운동회의 꽃이었다. 발이 보이지 않게 달리던 선수들은 운동회날의 우상이었다. 손등에 파란 잉크 도장이 훈장처럼 찍혀 있던 그 친구들은 어머니의 앞섶에 상품을 맡기고 돌아서며 또 한 번 어깨가 으쓱해졌다.

운동회의 끝 순서에는 마을 대항 계주가 기다리고 있었다. 저학년에서 한 명, 고학년에서 한 명, 청년 한 명씩, 그리고 장년들까지 각 마을에서 선출된 선수들이 이어달리기를 하는 경기였다. 재학생들은 이미 손등에 잉크 도장이 두어 개씩은 찍혀 있는 달음박질 선수들이었고, 머리에 수건을 질끈 동여맨 마을 청년들은 대개 그 학교의 졸업장 하나가 전부인 가난한 농군의 아들들이었다. 추억의 운동장으로 돌아와 하얀 출발선 앞에 다시 선 그들의 다리는 아주 완강했다. 그런가 하면 얼굴에 손 그늘을 만들어 올리고 연모하던 그 총각을 훔쳐보는 이웃 마을 처녀의 가슴은 두방망이질을 쳐댔다.

그 처녀의 손등으로 설익은 저녁노을이 나비처럼 내려앉기 시작하며 운동회는 끝나갔다. 하루치 질서의 상징이던 하얀 트랙이 지워지고 호루라기 소리도 목이 쉬어 갔다. 본부석 하얀 차일 밑에 쌓여 있던 양은 냄비며 플라스틱 바가지나 대야 등 푸짐한 상품들은 꽹과리와 징 소리 속에 나뉘고 날은 저물어 갔다. 북소리에 장구 소리가 합세하면서 돼지수육에 막걸리로 얼큰해진 동네 아저씨들의 걸음걸이가 질

편해졌다.

운동회를 마무리해야 할 시간이 다가왔다. 선생님은 월계수 테두리의 상이라는 글자가 자랑스럽던 누런 갱지 공책을 일등에게는 세 권, 이등은 두 권, 삼등에게는 한 권씩을 나눠 주셨다. 그리고 한 권도 받지 못한 아이들의 손을 들게 하고 노란색 향나무 연필 한 자루를 쥐여 주셨다. 꼴찌에게도 빈손으로 돌아가지 않게 하던 가을 운동회의 법칙은 아름다웠다.

구슬처럼 속이 들여다보이는 십리사탕을 돌멩이로 갈라 친구의 입에 넣어주며 집으로 돌아가던 길, 말갛게 내놓은 종아리가 시리기 시작하며 산그늘이 내려앉았다. 그 들길을 느린 걸음으로 걸어가시던 동네 아저씨들의 어깨에는 날마다 짓누르던 나뭇짐이나 꼴짐 대신 손수건만 한 붉은 노을 한 장이 얹혀 있었다. 불콰해진 아저씨들의 흐트러진 걸음을 용케도 붙잡아 주던 그 들길은 순했다. 호루라기 불며 종횡무진, 매캐한 목에 이 사람 저 사람이 건넨 막걸리를 거절하지 못하고 마신 비틀걸음의 우리 아버지와 누런 포장지의 은하수나 환희 담배 두어 보루 묶여 있던 아버지의 자전거도 그 순한 들길을 건너 집으로 돌아왔다.

집으로 돌아가면 사발막걸리 두어 잔에 취해 일찌감치 집으로 돌아온 할아버지가 하얀 두루마기를 벗어 놓은 채 초저녁잠으로 빠져들고 마루 위엔 따스운 물이 담긴 놋대야가 나를 기다리고 있었다. 그 물에 손 담그면 따뜻한 온기가 오 원 짜리 플라스틱 반지가 끼어 있던 손가락을 지나 취기처럼 온 몸을 타고 흘렀다. 달리기는 꼴찌를 했지만 풀꽃반지 대신에 열 나절, 스무 나절이 지나도 시들지 않는 빨강 플라스틱 반지를 낄 수 있어 행복했던 하루는 그렇게 저물어 갔다.

  보내지 않는다고 가지 않는 것이 어디 있을까마는 대청마루에 매달은 호롱불의 심지가 내려지고 입바람으로 등잔불을 끌 때까지 간절하게 보내기 싫었던 하루, 그날은 가을 운동회날이었다.

팔월
열나흗날
밤

　내 어릴 적의 가을은 뒤란 처마 밑에 매달거나 외양간 시렁 위에 올려놓았던 멍석이 마당에 깔리면서 시작되었다. 사람들의 발소리를 듣고 자란 곡식을 차례로 앞마당 바깥마당으로 들여오면 하늘은 아낌없이 햇볕을 내려 주었다. 풍구질을 끝낸 벼와 깍지 벗은 콩이며 팥을 멍석 위에 널었다. 도리깨질로 벌어진 깨보숭이에서 쏟아져 나온 들깨와 참깨도 널고 햇대추며 온갖 가을걷이를 그 멍석 위에 널었다. 해가 기울면 멍석 네 귀퉁이를 말아 덮어 이슬을 피하고 아침이면 제일 먼저 하는 일이 멍석을 열어 놓는 일이었다. 고무래로 골고루 펴 따글따글한 햇볕에 수분을 날린 곡식이 곳간을 채워 갔고 밤이면 하늘의 달도 하루하루 도톰하게 살을 찌웠다.
　가을 햇빛은 큰 멍석에는 크게 작은 멍석에는 작게 쏟아지며 살림을 도왔다. 반달이 뜰 때쯤이면 동그란 도래멍석 위에 콩만 하게 부순 누룩이 널렸다. 도래멍석 위의 누룩은 밤에도 이슬을 맞혔다. 낮에는 햇볕에 밤에는 이슬에 뒤채이며 잡냄새를 날린 누룩은 지에밥과 섞여 술로 빚어졌다. 술을 빚는 날이 되면 사랑마루 작은 맷방석 위에 솔잎 섞어 찐 지에밥을 식혀 말리고 나는 가까이 온 추석을 예감하며 작은 주먹으로 찹쌀고두밥을 자꾸 주워 먹었다.

"햇빛도 아깝다. 햇빛도 아까워." 어머니는 늘 종종걸음을 하시며 쏟아지는 햇빛을 아까워하셨다. 천지에 가득한 햇빛을 무에 그리 아까워하시는지 그때는 알 수가 없었다. 그 아까운 햇볕에 어머니가 솜이불을 내다 걸고 온 식구의 고무신을 뽀독뽀독 씻어 토방에 기울여 놓으면서 추석은 한 발 더 가까이 다가왔다. 햇볕을 먹은 솜이불은 이스트 넣은 빵처럼 부풀어 갔고 하얀 코빼기 고무신의 물기를 말리는 일도 가을 햇볕이 맡아 하던 일이었다. 푸우, 물품질을 해서 꾹꾹 밟아 다시 말린 풀 먹인 옥양목 홑청 위에 다듬이질 소리가 쏟아졌다. 또닥또닥 또드락 딱딱! 어머니의 고단한 잠을 덜어내며 한밤을 울리던 그 소리는 추석이 다가오는 소리였다.

솜씨 좋은 어머니는 가을볕이 남아 있는 마루 끝에 앉아 식구들의 베개를 만드셨다. 팥이나 녹두, 메밀을 넣어 씨앗 베개를 만들고 몸이 찬 딸을 위해서는 구절초 꽃잎을 말려 꽃베개도 만드셨다. 단옷날이면 다섯 마디가 자라고 구월쯤이면 아홉 마디가 자라는 구절초는 산밭으로 가는 기슭에도 흐드러지게 피어 있었다. 그늘에 말린 꽃잎을 다듬어 골무 끼고 한 땀 한 땀 키 낮은 베개를 시침질하던 어머니 모습은 모처럼 한가로워 보였다. 돌아누울 적마다 사각사각 푸새 소리를 내던 솜이불과 구절초베개로 잠이 들던 그때는 몰랐었다. 다시는 찾아오지 않을 가장 달콤한 잠의 기억이 그 햇내 나는 이불 속으로, 그 꽃내 나는 베개 위로 지나고 있다는 것을 그때는 몰랐었다.

추석을 며칠 앞두고 집 안의 문짝이란 문짝을 다 떼어내 창호지 갈이를 하는 게 또 하나의 가을맞이였다. 물에 불려 묵은 창호지를 떼어 낸 문살과 한지에 빗자루로 밀가루 풀칠을 하고 반듯하게 네 귀를 맞춰 붙인 다음 안채 사랑채의 토방이나 장독대에도 기대어 놓고 마르기를 기다렸다. 볕에 말라가는 문짝에 더 탱글거리라고 할머니는 푸우푸우 입으로 물품질을 더 해주셨다. 물품질과 햇볕을 듬뿍 먹은 문은 타악기처럼 탱탱하게 부풀어 올랐다. 창호지 갈이의 마지막 작업은 사람들의 손이 자주 닿아 잘 찢어지는 문고리 부분에 두 겹 겹쳐 바르기를 하며 꽃잎을 끼워 바르는 일이었다. 꽃잎을 따기 위해 뒤란으로 고샅으로 꽃을 찾아다니시는 할머니와 어머니의 흉내를 내 나도 꽃잎을 따러 다녔다. 내가 내민 꽃잎이 창호지 사이에 숨어 다시 꽃으로 피어나는 것을 보는 일은 즐거웠다. 새 창호지로 분통같이 뽀얘진 방 안에서 목화솜 이불을 덮고 자는 밤은 달콤했다. 달빛이 들면 등잔불을 끄고 누워도 창호지 문은 밤새도록 꽃을 피웠다.

팔월 열나흗날 저녁이 되면 앞산에 보름달이 떠올라 마당이 옥양목을 깔아 놓은 듯 훤했고 외양간 지붕 위로 쏟아진 달빛은 박꽃을 하얗게 피워 놓았다. 박각시나방이 부지런히 꽃술을 드나들던 그 밤에 모여 앉아 송편을 만들었다. 베개만큼이나 컸던 떡반죽은 줄어들 줄 모르고 가마솥으로 옮겨진 송편들이 익기를 기다리다 하품에 몰린 나는 방으로 들어갔다.

아침부터 두부를 쑤고 조청을 졸이느라 아궁이마다 타들어간 솔가지가 두어 짐이 넘고 보니 방바닥이 설설 끓어 방문을 열어 놓아야 잠들 수 있었다. 앞산에는 대소쿠리만 한 둥근달이 걸려 있고 달빛에 무색해진 상기둥 나무의 호롱불도 슬며시 졸음으로 빠져들었다. 졸음에 몰린 내 눈꺼풀이 스르르 닫히면 하늘에 떠 있던 온달은 반달이 되고 반달은 눈썹달로 줄어들며 내 잠 속으로 같이 쓰러져 들어왔다. 세상에서 가장 맛있는 냄새로 가득 찰 마루방을 꿈꾸며 잠들던 그 밤은 팔월 열나흗날 밤이었다. 마당에는 꽃가지가 휘도록 달빛이 쏟아졌다.

스무 말 들이 쌀독에 하얀 쌀이 가득 차면 행복했던 할머니와 겨우내 군불을 지필 삭정이나 솔가지가 나무청에 가득 차면 더 바랄 것이 없으시던 할아버지의 욕심 없던 삶은 아름다웠다. 할머니의 종종걸음 뒤를 쫓아다니던 내 팔랑개비 걸음이 재미있게 찍혀 있던 옛날 집 마당, 그 초가의 앞마당엔 오늘도 달빛이 흥건하리라. 햅쌀고봉밥을 담았던 밥사발만 한 그리움이 묵지근하게 가슴으로 매달려오는 추석, 이국의 하늘엔 하얀 낮달이 떠 있다.

십일월

 무서리 몇 번에 된서리까지 내리더니 뒤뜰이 텅 비어버렸다. 쌀알만 한 꽃을 밀어내 주던 박태기나무도, 가지마다 향기를 달고 있던 수수꽃다리나무도 싸리비처럼 앙상해져 버린 지 오래다. 까치발을 딛고 선 자작나무들 사이로 건너편 집들이 보이기 시작한 것만 보아도 이젠 정말 돌이킬 수 없는 계절인 겨울이 왔나 보다.

 짧은 해가 간단없이 넘어가 버리고 나면 짙은 어둠이 삽시간에 밀려와 천지를 점령해 버리는 초겨울 저녁, 설거지를 끝내고 쓰레기를 내놓으러 밖으로 나간다. 장작 태우는 향기가 온 동네에 이내처럼 퍼져 있다. 참나무나 호두나무 같은 장작이 타는 향기, 이 또한 겨울이 도착했다는 표시이다. 집 옆구리에 서 있는 측백나무 울타리 위의 하늘에는 그믐으로 가는 하현달이 떠 있다. 드문드문 차가운 잔별들도 보이는 밤하늘을 올려다보다가 돌아서는데 왈칵하고 눈물 같은 쓸쓸함이 가슴을 돌아나간다.

서른두 해 전, 뉴욕 케네디공항에 첫발을 딛던 그날도 바람이 몹시 불었었다. 십일월, 꼭 이맘때였다. 그날 밤, 함부로 몰려다니는 바람 소리에 잠을 뒤척였던 기억이 어제 일처럼 선명하다. 그래서인지 해마다 이맘때가 되면 마음에 한기가 자주 내려앉고 그리워지는 것들이 많아진다. 개울물 속에 거꾸로 빠져 있던 감나무의 풍경과 기울어진 초가의 모퉁이에 습기 잃은 모과나무가 서 있던 풍경 따위가 생각난다. 된장 항아리 위의 채반에서 말라가던 가을 나물들과 툇마루에 아무렇게나 뒹굴어 다니던 늙은 호박들의 모습도 기억난다. 그중에서도 곰삭은 황석어젓과 무채 양념의 맵싸한 냄새를 온 집 안에 가득 채우며 김장하던 풍경이 이맘때가 되면 꼭 한 번씩 그리워지곤 한다.

지금은 계절 없이 채소가 나오고 집집마다 김치냉장고가 따로 있는 데다 먹을거리도 흔해 김장하는 집도 줄어들고 있는 추세이다. 하지만 날이 추워지고 산천에 흰 눈이 덮여 버리면 그 어디에서도 푸른 잎의 채소 한 장을 구할 수 없었던 시절의 김장은 한겨울 양식의 절반을 마련하는 일이었다. 흑백텔레비전의 아홉 시 뉴스에서까지 김장거리에 대한 이야기가 화두로 떠오르며 전국이 들썩일 만큼 우리네 생활에 있어 김장은 아주 중요한 연중행사였다. 첫얼음이 얼고 첫눈이 내리는 소설 즈음이면 집집마다 김장을 서둘러야 했다.

산과 들에 피고 지는 하찮은 풀꽃 몇 낱도 예사로 보아 넘기지 않았던 어른들은 싸리꽃이 피기 시작하면 볍씨를 파종하고 보랏빛 칡꽃이 피기 시작하면 김장거리를 파종했다. 할아버지는 배추씨며 무씨를 넉넉히 뿌려 싹을 내고, 모종을 옮기고, 솎아내고, 벌레를 잡아주며 온갖 정성을 들여 일곱 마지기 밭으로 가득 김장거리를 키워내셨다. 곡식이나 채소를 키우는 일은 새와 풀과 벌레와의 싸움이라 해도 지나친 말이 아니었다. 푸른 나비처럼 올라온 싹이 자라 속이 노랗게 들어찬 배추를 얻기까지는 일흔 날쯤을 부지런히 밭으로 오가야 한다고 한다.

그렇게 김장밭으로 가득 키운 김장거리는 가을걷이가 끝나고 된서리가 내리기 전에 소달구지에 실려 사랑채의 토방으로 옮겨 왔다. 집집마다 배추 몇 접씩을 산더미처럼 쌓아놓고 행여 밤사이 기온이 곤두박질칠까 봐 멍석 같은 걸 씌워두기도 했다. 어머니와 할머니가 샛노랗게 속이 찬 배추를 쪼개어 절이는 동안 아버지는 여름내 붉은 맨드라미가 피고 지던 뒤란 한쪽에 김장독을 묻고 할아버지는 김장독에 덮을 짚방석을 너덧 개씩 만드셨다. 어렸던 우리는 고소한 배추꼬랑지를 얻어먹거나 동치미에 덮을 푸른 댓잎을 꺾으러 대숲으로 내달리며 잔칫날을 앞둔 것처럼 설레었다.

김장하는 날은 새벽부터 분주했다. 배추김치, 깍두기, 동치미, 섞박지, 비늘김치, 갓김치, 파김치, 김치에는 종류도 많았다. 초겨울에 먹을 김치에는 젓갈이며 파 마늘을 많이 넣고 초봄에 먹을 김치에는 양념을 적게 넣는 대신 소금을 넉넉히 뿌려 이 독 저 독에 나눠 넣을 때쯤이면 짧은 겨울 해가 집 뒤의 대숲에 숱한 별을 만들며 사라졌다.

김장을 하던 날의 저녁밥상은 늘 푸짐했다. 삶은 돼지고기를 노란 배추 속잎에 김치소를 넣어 싸 먹거나 갈치조림을 해 먹었다. 함지박에 묻어 있는 김장 양념이 아까워 휘휘 헹궈낸 물에 무와 대파를 쑹덩쑹덩 썰어 넣고 조려낸 갈치조림의 맛은 얼마나 달콤했던지. 고봉이나 되게 퍼 올린 밥사발을 거뜬히 비워냈던 그 저녁의 밥상을 잊을 수가 없다.

늦도록 들려오던 어머니의 뒷정리하는 소리를 자장가 삼아 잠이 들던 그 밤, 짚방석을 덮고 잠을 청하는 김장독을 물끄러미 내려다보던 감나무에는 까치밥으로 남겨 놓은 홍시 몇 개가 호롱불처럼 걸려 있었고 하늘에는 오늘 밤처럼 차가운 별도 몇 개 걸려 있었으리라.

십일월이 깊어질수록 내 그리움도 깊어지고 있다. 행주질한 자리마다 살얼음이 얼어붙던 그 옛날의 겨울 밥상이 그립다. 손으로 쭉쭉 찢어 올려 먹던 숙성된 배추김치가 그립고

댓잎 한 장이 빠져 있기도 했던 동치미 사발도 그립다. 하얀 햅쌀밥을 호호 불어 가며 도톰한 갈치조림을 얹어 먹던 세상에서 가장 행복했던 저녁밥상이 그립다.

그중에서도 가장 그리운 건 잠결에도 들려오던 어머니의 기척이다. 밤의 정적을 깨며 또닥또닥 정교하게 들려오던 무채며 깍두기를 썰던 도마질 소리는 아늑했다. 찰랑거리며 배추를 씻던 물소리, 달그락달그락 빈 그릇을 정리하던 소리는 평화였다. 그 모든 소리를 만들어 내던 어머니가 옷섶에 한기를 잔뜩 묻힌 채 방으로 들어오시며 허리를 펴던 소리가 사무치게 그리운 십일월 저녁이다.

감나무마다 홍시 몇 개쯤은 까치밥으로 남겨 놓고, 입에 풀칠하기 힘든 그 누군가 배고픈 사람들을 위한 배려로 추수한 들판에 떨어진 이삭을 줍지 않던 동네, 그 동네에도 십일월이 깊어 가고 있을 것이다. 누군가의 텃밭에는 된서리가 가득할 것이고 누군가의 담벼락에는 매달아 놓은 시래기가 찬바람에 말라가고 있을 것이다. 어느 시인의 표현처럼 술보다는 차를 끓이기 좋은 계절, 십일월이 깊어지고 있다.

십이월
소묘

폭설이 내렸다. 늦가을이 떠난 자리에 추억처럼 남겨 있던 꽃대궁이나 나뭇가지에 별책 부록같이 다시 피워 놓은 눈꽃의 아름다움이 여지없다. 한밤 내 퍼부어대는 눈은 길을 묻고 뜰을 묻고 천지가 기억하는 모든 것들을 묻어 버릴 듯이 퍼부어 댔다. 눈은 연말 대목의 비즈니스를 걱정하며 서성이는 내 마음까지도 간단없이 덮어 버렸다.

추억은 늘 삐죽, 예고 없이 마음의 문을 열고 들어온다. 무명 치마에 한기를 묻힌 채 마실 오시던 할머니의 오랜 친구처럼 기척 없이 그렇게 찾아오곤 한다. 폭설에 감금당한 밤, 살아온 날들의 겨울 추억이 또 그렇게 삐죽하고 내 마음을 열고 들어왔다.

어릴 적 오목하던 초가에 눈이 내리면 창호문 너머의 세상은 달밤처럼 환했다. 그런 밤이면 마당을 덮은 눈이 바람을 타고 토방으로 올라와서 식구들의 신발 속으로 숨어드는 소리가 베개 밑으로 들려왔다. 대숲 가지에 걸려 있던 눈덩이가 한꺼번에 투둑 하고 떨어지는 소리도 들렸다. 결국 눈의 무게를 이기지 못한 소나무 가지가 가까운 산에서 타닥 하고 꺾이는 소리까지 들려오면서 밤이 깊어갔다.

새벽 동이 트기 전 가장 추운 시간이 되면 식은 아랫목 위에서 남은 잠이 뒤척질을 했다. 군불 때는 아궁이 속으로 던져 넣은 마른 솔가지에서도 타닥거리는 소리가 났다. 오롯하게 올라오던 온돌의 온기에 몸 담그고 다시 잠의 나락으로 떨어지며 아득하게 들던 넉가래와 싸리비가 눈을 쓸어 내던 소리는 정겨웠다. 겨울은 추었지만 추웠던 겨울은 따뜻한 소리의 기억을 선물로 남기고 갔다.

도화지를 오려 스무 색깔 왕자파스로 예배당의 뾰족탑을 그리고 그 뾰족탑 위에 노랑색 별 하나를 그려 넣어 크리스마스 카드를 만들던 유년의 겨울은 카드 속의 풍경처럼 단조로웠다. 나무 십자가가 걸려 있던 예배당에 성탄절이 찾아오면 아이들은 줄 서서 시루떡을 받았다. 그 시절 예수님은 시루떡이었다. 노란 별을 타고 겨울에 한 번씩 찾아오는 따뜻한 팥시루떡이었다.

여름밤에 플라타너스 무성한 그림자를 밟고 앞서가던 남학생을 좋아했다. 그 플라타너스에 흰 눈이 내려앉을 때까지 마주쳐 보지 못한 그 뒷모습이 나의 첫사랑이었음을 감지한 것도 겨울이었다. 나만을 생각하던 한 평짜리 마음에 타인을 들여놓고 비좁아 잠들지 못하던 처음 사람, 첫사랑은 그것이 사랑이었음을 일깨워주고 내 마음에서 떠나갔다. 첫눈처럼 왔다간 첫사랑은 어설퍼서 아름다웠다. 언제나 짧은 것은 슬프고 또 슬픈 것은 아름다운 법이다.

도회지에서 만난 겨울은 황량했다. 저문 겨울날 하늘까지 올라가 있는 아파트 창문들이 퍼즐처럼 탁, 탁, 탁, 불을 밝히는 도시의 끝을 돌아 집으로 돌아가는 일은 외로웠다. 내가 살던 방은 쿨럭쿨럭 바람에 통째로 흔들리는 포장마차를 지나, 아스피린을 팔던 작은 약국 모퉁이를 돌아, 연탄재가 어지럽게 쌓여 있는 좁은 골목의 제일 끝에 붙어 있었다. 그 자취방은 언제나 아랫목에 애매한 온기를 남긴 채 나의 기척을 기다리곤 했다. 화라락, 번개탄에 붙은 성냥불이 아랫목의 확실한 온기가 될 때까지 서성이고 서 있으면 성북행 전철이 달그락거리며 등 뒤를 밟고 지나갔다.

밤늦게 돌아온 남동생을 위해 라면을 끓이는 밤, 연탄 위 불 먹은 삼발이 사이로 올라온 푸른 불꽃은 싸르륵 소리 내며 양은 냄비를 통째로 끓여 주었다. 얇은 벽 너머 가난한 부부의 싸움은 그날 밤도 계속되었다. 모든 게 불확실하던 시대, 두 봉지 라면에 찬밥까지 말아 먹어야 채워지던 동생의 시장기처럼 우리의 젊음은 허기로 가득 차 있었다. 알전구 밑에서 수백 개 인체의 뼈 이름을 주술처럼 외우던 동생, 그 주술의 힘으로 동생의 미래만은 확실해지길 바라며 돌아눕던 그밤도 밤바람 소리가 우리들의 두 평짜리 좁은 창문을 흔들어 댔다.

결혼하고 처음 살았던 뉴욕의 스튜디오는 좁았지만 겨울이 와도 따뜻했다. 보이는 것이라고는 창 너머로 비스듬히 올라가던 비상용 철제 계단이 전부인 아파트였다. 그곳에서 첫아이를 낳았다. 아이의 달콤한 하품과 팔 올린 나비잠을 바라보는 것, 그리고 천 번은 넘어지며 떼어놓던 아이의 첫걸음을 지켜보던 기억들이 가슴속에 아직 말랑하다. 아이에게 눈, 누운, 눈사람, 눈, 사, 람, 이라고 가르쳐주면 오디같이 까만 아이의 눈은 내 입을 바라보고 나는 아이의 작은 입이 오물거리는 것을 바라보면서 더없이 평온했었다. 행복은 품는 것이 아니고 바라보는 것이라 깨달으며 뒤뚱거리는 아이의 걸음을 따라다니던 그 겨울, 살림은 넉넉하지 않았지만 나는 대체로 행복했었다.

'산촌에 눈이 쌓인 어느 날 밤에 촛불을 밝혀 두고 홀로 울리라.' 노래가 된 목월 시인의 이별의 노래가 떠오르는 밤이다. 빈 하늘로 새들이 날아가기 시작할 때부터 생각나는 그 노래를 가만가만 부르다 보면 내 마음도 쓸쓸한 날개를 달고 청천을 날아간다. 미혹을 전제로 한 낱말일지도 모르는 불혹이라는 나이에 목월 시인이 일으켰던 일탈의 사랑이 그 시의 모티브였다는 불편한 진실을 안 지는 얼마 되지 않았다. '한낮이 끝나면 밤이 오듯이' 시의 구절처럼 윤리를 비켜섰던 그의 사랑은 끝이 났고 노시인도 우리 곁을 떠난 지 오래이다. 다만 그의 시만이 그렁그렁한 노래가 되어 우리 곁에 오래 남아 있을 뿐이다.

창밖은 계속 눈이 내리고 전나무에 켜둔 작은 크리스마스 등들은 눈 속에 흠빡 갇혀 버렸다. 넘어짐은 일어섬을 전제로 하고 일어섬은 넘어짐을 전제로 한다는 것을 깨닫게 해주신 지난 한해가 감사하다. 바닥으로 떨어졌다는 경기 역시 딛고 일어서는 법을 가르쳐 주리라. 하나, 둘, 셋, 넷, 올망졸망한 전나무의 작은 등처럼 내 마음에도 감사의 등을 달아본다. 날 저물어 무사히 돌아와 나란하게 벗어놓은 식구들의 신발에 감사하며 하나, 먼 나라의 폭설 소식에 안부 전화를 걸어온 노부모의 목소리에 하나, 아직은 명료하게 들을 수 있는 그분들의 목소리에 감사하며 또 하나를 달아본다.

내일 하오가 되면 폭설이 우리의 감금을 풀어줄 거라는 소식이 들려왔다. 생각해 보면 행복은 언제나 작고 하찮은 것들이 가져다주었다.

그해 겨울, 첫 번째 이야기

 겨울이면 쩡쩡, 저수지 어는 소리가 들려왔다. 어는 건 저수지뿐이 아니었다. 안채와 바깥채 사이의 작두샘은 아침마다 뜨거운 물 한 바가지를 들이켜고서야 물을 내놓았다. 세수하고 돌아서기 무섭게 머리칼이 얼었다. 얼은 쇠문고리에 손을 대면 쩍쩍 달라붙었다. 빨랫줄에 접힌 채 얼어 있는 빨래를 잘못 건드리면 부러졌다. 마루 위의 걸레도 얼고 그 옆의 놋요강도 얼었다. 윗목에 놓아둔 숭늉 사발도, 흰떡가래 빠져 있던 물두멍도, 아껴 두었던 살강 위의 달걀 두 알도 얼어 버렸다. 행주질 쳐낸 밥상 위에도 돌아서기 바쁘게 살얼음이 얼어 동치미 사발이 미끄럼치며 돌아다니기 일쑤였다.
 아궁이 앞에 덥혀 놓았던 신발을 신고 학교에 갔다. 고무탄 내를 풍기며 신발에 배어 있던 아궁이의 온기는 까치밥을 몇 개 매달고 있는 명순이네 감나무 밑을 지나기도 전에 식어 버렸다. 명순이네는 딸이 여덟이었다. 첫찌, 두찌, 여섯찌, 일곱찌, 명순이 엄마는 아이들의 이름 대신 번호를 불렀다. 다섯찌였던가 여섯찌였던가 다음으로 아들을 하나 낳았지만 고추 자르던 가위로 탯줄을 잘못 자르는 바람에 파상풍으로 아까운 아이를 잃고 말았다. 명순이 아버지가 빨간 고추를 끼워 만든 사립문의 금줄은 일주일도 못 되어 내려졌다.

명순이는 작은 허리를 구부려 부엌 바닥에 밥상을 내다 놓고 학교 갈 동생의 머리를 빗겨 주어야 했다. 동생 몫까지 두 개의 책보를 허리에 깡똥하게 묶어 매는 명순이는 나이보다 네댓 살은 웃자라 보였다. 학교에서 옥수수빵을 나눠주는 날에도 명순이는 그 빵을 손도 대지 않은 채 책보에 돌돌 말아 허리에 매고 집에서 기다리는 동생들에게 달음박질쳤다.

헝겊으로 포장을 친 딸딸이 삼륜차가 운동장을 가로지른다. 옥수수빵을 가득 실은 빵차이다. 탁탁탁, 선생님은 막대기로 교탁을 치신다. 그래도 아이들의 시선은 자꾸 빵차를 쫓아 외로 꼬였다. 절대 빈곤의 나라에 미국이 처음으로 공급한 건 가루우유였다. 아이들은 종이 포대나 시험지 혹은 책보를 내밀어 우유를 타 갔다. 입천장에 들러붙거나 가끔 배탈을 일으키기도 했던 가루우유, 그 다음으로 공급되던 것은 옥수수죽이었다. 학교의 우물가에 솥단지를 내걸고 죽을 쑤어 가난한 아이들 중에서도 더 가난한 아이들을 골라 먹였다. 아침 등굣길에 장작개비 하나씩을 들고 오는 아이들은 그 노르스름하고 고소한 옥수수죽을 타 먹을 수 있는 아이들이었다. 옥수수죽은 다시 옥수수빵으로 변하고 읍내에 빵 공장이 생겼다. 교탁 옆에 타다 놓은 빵 가구에서 나던 구수한 빵 냄새는 우리들의 허기에 달라붙어 남은 수업을 방해하곤 했다.

 겨울이면 밤새워 우둑우둑 뒷산 나무들의 우듬지를 꺾으며 내리는 눈은 무섭지 않았다. 누구네 논두렁인지 구분 못하게 폭설이 뒤덮어도 눈 녹으면 제 임자를 찾기 마련이었다. 그런데 바퀴가 세 개뿐인 빵차가 올라올 싸릿재에 내리는 눈발은 무서웠다. 빵차는 희끗하니 잔설만 내려도 벌벌거리며 고개를 넘지 못해 읍내로 되돌아갔다. 빵차의 빠꾸는 열두 칸 교실의 아이들에게 때로는 세상 사는 일에 예기치 못한 삶의 눈발과 실패가 기다리고 있을지도 모른다는 걸 가르쳐 주고 있었는지도 모른다.

 긴 겨울방학이 끝나면 졸업식이 다가왔다. 졸업식 며칠 전에는 사은회라는 걸 했다. 소사 아저씨와 학부모들이 모여 돼지고기를 삶았다. 말가웃도 넘게 모은 찹쌀로 인절미도 만들고 가마솥 뚜껑 엎어 놓고 부채처럼 생긴 솔잎 끝에 들기름을 적셔 부침개도 부쳤다. 학부형이 권하는 막걸리 한 사발에 얼굴이 불콰해진 선생님은 우리를 향해 졸업은 끝이 아니고 시작이라는 말씀을 길게 하셨다. 우리는 인절미를 꼭꼭 씹어 먹으며 그 말씀을 경청했다. 선생님은 조금 늦더라도 중학교 졸업장은 꼭 따놓으라며 도시의 공장으로 떠나야 할 가난한 아이들의 어깨에 손을 얹으셨다. 그 아이들에게 인절미를 한두 개씩 더 주시면 아이들은 참고 있던 눈물을 무릎으로 툼벙하고 떨어뜨렸다. 울면서도 인절미를 우물거리던 그 친구들은 어디선가 깡다구 있게 잘 살고 있으리라 생각한다.

강당이 따로 없었던지라 졸업식은 교실 두 칸을 터놓고 했다. 교탁 위에 책상보를 깔고 대나무 가지와 버들가지 꽂은 화병을 올려놓고 진행되던 조촐한 졸업식이었다. 졸업식의 하이라이트는 송사와 답사가 끝난 다음 부르는 졸업식 노래였다. "빛나는 졸업장을 타신 언니께 꽃다발을 한 아름 선사합니다. 물려받은 책으로~" 조붓조붓한 의자에 앉아 기다리던 재학생들이 먼저 1절을 선창한 뒤 2절은 졸업생들이 불렀다. "잘 있거라 아우들아 정든 교실아, 선생님 저희들은 물러갑니다~" 노래의 중간 소절을 부를 때쯤이면 노랫소리는 들리지 않고 풍금 소리만 흐르게 된다. 누가 먼저랄 것도 없이 시작한 눈물은 소매 끝으로 찍어내고 손바닥으로 닦아내도 그칠 줄을 몰랐다.

졸업장을 돌돌 말아 쥐고 들판의 갈림길에서 헤어진 친구 중에는 그 뒤로 한 번도 보지 못한 친구들도 있다. 산다는 게 누군가를 떠나보내고 또 누군가를 떠나오는 것이라는 걸 미처 깨닫기 전의 일이었다. 무섭기만 했던 선생님의 눈에서 눈물을 보고, 운동장을 가로지르며 정든 교실을 뒤돌아보았던 졸업식의 풍경이 해마다 이월 근처가 되면 생각난다. 지금도 학교마다 졸업식을 하고 또 졸업식 노래도 부르겠지만 요즘 졸업식에는 우는 아이들도 없고, 선생은 많으나 스승은 없고, 학생은 많으나 제자는 없다는 쓸쓸한 이야기가 들려온다.

서울로 떠난 명순이는 시내버스 차장이 되었다고 했다. 그 뒤로 버스의 옆구리를 탕탕 치며 "오라이"를 외치기도 하고 꾸역꾸역 사람들을 밀어 넣은 뒤 버스 문밖에 아슬아슬, 다음 정거장까지 매달려 가기도 하는 시내버스 안내양을 보면 명순이 생각이 났다. 낯선 도시에 적응하며 마음이 먹먹해질 때도 그 도시 어디에선가 고단하게 살아가고 있을 명순이가 생각났다. 운동장에 책걸상 내다 놓고 앉고 서서 찍은 흑백 졸업 사진 속에 명순이가 희미하게 웃고 있다. 가난했던 우리나라를 끌고 간 건 정치인도 아닌, 지식인도 아닌 바로 내 친구 명순이 같은 사람들이었다고 생각한다.

졸업식 노래처럼 "앞에서 끌어주고 뒤에서 밀며" 일으켜 온 우리나라는 전 세계 22개국인 원조공여국의 대열에 올라섰다. 진흙 과자를 먹는 배고픈 아이티의 아이들은 바로 반세기 전 절대 빈곤의 나라에 살던 우리들의 얼굴이다. 배고픈 설움은 배고파 보았던 사람만이 아는 법, 평화의 본디 뜻은 밥을 나눠 먹는다는 의미라고 한다. 이젠 우리가 밥을 나눠야 할 차례이다. 굳어 있던 가루우유를 타기 위해 종이 포대를 내밀던 기억, 빵차를 향했던 간절한 기다림을 되새겨보며 배고픈 그들을 향해 우리가 다가가야 할 차례이다. 그들이 잊힌 뉴스가 되기 전에, 오늘 하루의 해가 처마 없는 그들의 밤으로 넘어가기 전에 말이다.

그해 겨울, 두 번째 이야기

한국과 미국을 동시에 강타하고 있는 한파가 기승을 부리는 새벽에 한국으로 전화를 건다. 한국은 초저녁 시각이다. 일찍 잠들어 한밤중에 잠이 깨지면 이리 엎치락, 저리 뒤치락, 겨울밤 넘기는 일이 고역이라는 아버지의 목소리에 이미 졸음기가 가득하다. 태평양을 건너오는 아버지 목소리를 만나면 튀어나오는 나의 충청도 사투리가 느닷없다. 춥쥬? 아니, 이까이 껄 추위라고 할 수 있나. 맞아유. 두 사람은 약속이나 했던 것처럼 추웠던 겨울에 대해 이야기를 나눈다. 여든을 바라보는 아버지와 예순에 가까운 딸이 기억해 내는 추웠던 겨울 장면들이 눈에 묻어둔 고구마처럼, 오지항아리 속 고욤처럼 달다.

열두 칸 교실이 전부였던 작은 시골 학교, 겨울이면 무쇠 난로가 놓이던 풍경을 기억해 내며 아버지와 나의 그해 겨울 추억이 시작된다. 전기도 들어오지 않던 그 겨울에 수은주가 영하 3도 이하로 내려가면 교무실 앞에 빨간 깃발이 내걸렸다. 조개탄 난로를 땔 수 있는 날이라는 표시였다. 깃발은 소리 없는 마이크였다. 혹은 그보다 더 명확한 소리였다. 선생님이나 당번이 양동이 하나씩을 들고 교감 선생님이 열쇠를 쥐고 있는 창고에서 조개탄을 타왔다. 교실 밑바닥 네모난 비밀문을 열면 솔방울이나 장작개비가 들어 있었다. 선생님이 밑불을 붙이면 교실은 이내 매운 내로 가득 찼다. 양철 연통은 교실 유리창 밖으로 입을 벌리고 있고 그 연통으로 노란 연기가 꾸역꾸역 올라가고도 한참이 지나야 교실이 따뜻해졌다.

무성영화 속의 장면처럼 아이들은 장작개비를 책보와 같이 얽어매고 등교했다. 장작개비는 서로를 기대 놓아야 불이 붙는다. 어슷어슷 어깨를 기대고서야 타오르는 불꽃처럼 협동해야 살아남을 수 있었던 시절에 대한 아버지의 설명이 길다. 사십 년이 훨씬 넘는 아버지의 교직 생활은 사소한 것들에도 의미를 부여하는 습관을 남겼다.

한겨울에도 불쏘시개거리가 떨어지면 솔방울을 줍기 위해 네 귀퉁이를 묶어 맨 책보를 들고 뒷산으로 올라갔다. 학교 뒷산에는 송충이가 많았다. 해마다 봄이 되면 빈 깡통에 철사줄을 묶어 송충이를 잡으러 올라가곤 했다. 솜막대기에 석유를 묻혀 송충이 등에 살짝 갖다 대면 송충이들은 허리를 꿈틀대며 땅으로 떨어졌다. 그 뒷산에는 송충이만큼이나 솔방울도 많았다. 숙제를 해 오지 않는 벌로 늘 난로에서 제일 먼 자리에 앉아야 했던 광필이의 책보 자루가 제일 먼저 채워졌다. 계몽과 표어를 가슴에 달고 살던 시절, '쥐를 잡자'라는 표어를 왼쪽 가슴에 달고 다녔다. 쥐꼬리를 모아오는 숙제는 누런 콧물 자국이 마르지 않던 광필이가 단연 일등이었다.

일제강점기가 지나간 한국의 산은 시들시들 말라가는 나무들만 남아 있었다. 농기구며 놋그릇, 수저 같은 생활필수품을 공출해 가고 급기야 굴참나무 껍질까지 벗겨가 버린 끝이었기 때문이다. 그 시절의 산에 솔방울들이 많았던 이유는 시들어갈수록 종족 보존의 본능에 충실하게 되는 나무들의 비밀 때문이었다. 부실한 소나무일수록 솔방울이 많이 달려 있었다. 그 원리를 이용해 사람들은 나무의 허리마다 상처를 내기도 했다. 상처를 느끼며 죽을 날이 가까운 걸로 착각하는 나무들은 안간힘을 다해 열매를 만들어 냈다. 그 슬픈 원리를 이용해 사람들은 더 많은 도토리를 얻고 솔방울을 얻었다. 나무에게도 몹쓸 짓을 하며 그 구황 열매로 허기를 견디던 날을 기억하는 아버지의 혀가 끌끌거리신다. 아버지와 나의 이야기는 조개탄 난로 옆에 앉아 얼굴 뜨겁던 아이들과 구석진 뒷자리에서 손이 곱고 발이 얼던 아이들의 이야기로 이어진다.

　난롯가에서 시작한 아버지의 불균형 이야기는 다시 지역 간의 불균형으로 이어진다. 집에서는 학교 가는 아이 불러 세워 소를 딸려 보내고, 학교에서는 송충이 잡고 길 넓히는 일에 동원되거나 풀베기 모내기에 끌려 다니니 도시 아이들을 따라잡을 수가 없었다. 도시 중학교로 시험 치러 내보낼 몇 아이들을 호롱불 밑에 남겨 놓고 코피 터지며 가르치던 날의 회상에서는 아버지 목소리가 아득해진다.

　칠백 년 도읍을 돌아 흐르는 백마강 기슭에 사는 아버지의 불만은 이윽고 백제와 신라의 도읍이었던 부여와 경주 간의 발전 불균형으로 이어진다. 백제는 허망한 수식어가 따라붙는다. 잃어버린 왕국이나 패망 왕국으로 기억될 뿐이다. 책임지지 못한 왕조에 대한 비하와 폄하 속에 터무니없이 부풀려진 궁녀의 숫자는 해마다 줄어드는 그곳의 인구와 묘한 아이러니를 일으킨다. 백제의 옛 도읍 부여는 내 기억 속의 반세기 전보다 오히려 더 초라해졌다. 나는 깨진 기왓장 하나 닳아진 돌계단이 그대로 있는 그곳이 좋다. 서동 설화를 쓴 무왕의 작은 연못처럼 변하지 않는 비밀스런 풍경이 있어 나는 그곳이 좋다. "백마가앙~다알~빠암에 물새가 우~우우우울어~" 취기에 자전거를 길게 끌고 오시던 아버지의 느린 횡보를 기억하는 조붓한 그 길들이 거기 그대로 있어 나는 행복하다.

  한 달에 두어 번은 취기로 비틀거리던 아버지와, 같이 넘어지면서도 기어코 끌고 오시던 자전거에 대한 나의 기억에 아버지 목소리가 다소 무안해지신다. 나는 동요 속에서는 세 번 울리는데 내가 다니던 초등학교에서는 두 번 울리던 종소리에 대한 질문으로 방향을 돌려 본다. 종소리는 수업 시작과 끝을 알리는 학생과 선생님 간의 무언의 약속이었다. 종소리에도 남아 있던 일제의 잔재를 없애고자 어떤 시점에서 종소리의 횟수를 바꾸었다. 시작의 뜻으로 두 번, 끝의 뜻으로 한 번, 그렇게 바꾸게 되었다는 설명을 하시는 아버지 목소리에 영락없이 다시 힘이 오른다.

  고요한 삼동네의 초가에 불이 붙거나 비탈밭을 품고 있는 산등성이에 불이 나면 그 종소리가 바빠졌다. 난타하는 종소리에 놀란 사람들은 맨발로 세숫대야며 바가지, 물동이를 들고 뛰어나가 불길을 잡으려 애썼지만 물길은 느리고 불길은 빨랐다. 쇠죽솥 하나만 달랑 남겨 놓고 폭삭 내려앉던 초가삼간의 어이없음, 타버린 집터 위로 무심한 눈발을 날리면서 그해 겨울은 그렇게 깊어 갔다. 쉬는 시간이면 후다닥 도시락을 들고 난로 주위로 몰려들던 친구들, 그 시절에도 난로 위 황금 분양권은 주먹들이 차지하기 마련이었다. 맨 밑의 도시락은 타기 마련이고 꼭대기 도시락은 찬기만 겨우 가셨다.

점심을 먹고 난 오후 수업 시간이면 어느 교실에선가 아련한 풍금 소리가 들렸다. 난로 위 양은 주전자에서는 하얀 김이 쉭쉭거리고 뿌옇게 김이 서린 유리창에는 아무개가 아무개를 좋아한다는 스캔들이 대서특필되기도 했다. 그 창 너머로 사정없이 몰아치던 바람 소리를 기억한다. 북풍을 안고 돌아가야 할 시오리 들길은 까마득한데 눈까풀로 내려앉던 오수의 유혹은 달콤하기만 했다.

적막하기 그지없던 산 밑의 작은 학교, 온몸을 흔들며 아이들을 모으고 흐트러트리던 종소리가 그리워지는 아침이다. 삼동네의 먼 들녘으로 명징하게 울려 퍼지던 그 종소리는 자식의 미래에 거는 희망의 소리였다. 하루 종일 이 교실 저 교실로 끌려다니던 바람의 악기 풍금 소리와 이제는 어디서도 들어볼 수 없는 추억의 종소리가 그리워지는 겨울 아침이다. 가난했던 광필이의 겨울도 그 무쇠 난롯가처럼 따뜻했으면 좋겠다.

탁자 위 시계가 아침 일곱 시를 지나고 있으니 한국 아버지 방의 시계는 밤 아홉 시를 넘기고 있을 것이다. 광산 김씨 집성촌에 흘러들어와 살던 타성바지 광필이네 가족사를 들려주던 전화기 너머의 아버지 목소리에 졸음기가 몰려온다. 이제 곧 아버지는 그해 겨울의 풍경을 따뜻하게 기억해 내며 단잠으로 빠져드실 기세이다.

그해 겨울, 세 번째 이야기

눈 내리는 새벽, 한국의 밤 아홉 시 뉴스를 실시간으로 전송받아 들으며 출근한다. 차창 밖 빙점으로 내려간 공기 속으로 쏟아지는 눈송이들이 초벌 빻은 떡가루 같다. 참 촌스러운 발상이다. 촌스러운 발상 속의 떡가루는 다시 말랑한 가래떡으로 변한다. 유년의 기억은 지워지거나 사라지지 않은 채 불안정한 방식으로 저장되어 있다가 불쑥, 그렇게 튀어나오는 법인가 보다. 굵어지는 눈발이 차창의 이마를 들이받는 겨울 새벽, 나는 마음속 깊이 각인되어 있던 하얀 가래떡 하나를 쫓아 까무룩 먼 시간 속의 겨울로 발을 들여놓는다.

열두 살까지 내가 자란 곳은 차령산맥의 줄기가 가난한 어미의 품처럼 몇 채의 집을 품고 있는 작은 동네였다. 동네 앞에는 그리 넓지도 좁지도 않은 들판이 펼쳐져 있었다. 그 들판에 뿌린 볍씨들은 이삭 껍질을 반쯤 열고 하얀 벼꽃을 피워낸 다음 알알이 영글어 갔고, 산 밑의 비탈밭에서는 콩이며 팥, 녹두 같은 것들이 깍지 속에 모여 여물어 갔다. 베어 낸 벼 포기나 빈 수숫대를 남긴 채 가을이 떠난 자리를 매서운 바람이 차지해 버리면서 산촌의 겨울이 시작되었다. 겨울은 길었다. 그 긴 겨울에 징검다리처럼 놓여 있는 게 명절이었다. 명절은 곧 음식이었다. 부뚜막 위의 소금을 제외하고는 모두 그 동네에서 난 재료로 만든 음식들이었다. 그 순한 음식들은 내게 영혼의 음식과도 같은 것이었다.

겨울의 초입에는 작은 설이라고도 부르던 동짓날이 기다리고 있었다. 길어진 밤의 길이가 정점을 찍는 그날 저녁에는 팥죽을 쑤어 먹었다. 동지가 지나면서 길었던 밤의 길이는 노루 꼬리만큼씩 짧아졌다. 나는 팥죽 속에 들어 있던 찹쌀 새알심을 좋아했다. 지난봄 마늘밭 둔덕의 잡풀 더미 속에 낳아 놓았던 오목눈이의 새알처럼 작았던 새알심은 쫄깃하고도 맛이 있었다. 명절 음식을 위해 두어 마지기의 논배미에 따로 심어 거둔 찰벼에서는 향기가 났다. 나이 숫자만큼 헤아려 먹던 새알심이나 찰시루떡, 오곡 찰밥이나 찹쌀 산자에서도 그 쌉쌀한 찹쌀 특유의 향기가 났다.

가마솥 가득 쑤어 놓았던 동지 팥죽을 다 먹고 달포쯤이 지나야 설이 되었다. 설밑에는 늘 고구마 조청을 만들었다. 가마솥으로 가득 안친 엿물이 부르르 끓어오르면 거품 위에 바가지 하나를 엎어 놓고 불땀을 줄여 조청을 만드는 할머니는 요술쟁이 같았다. 조청의 달콤함을 맛보기 위해서는 한나절이 넘는 기다림이 필요했다. 무릎께까지 닿는 부엌간의 문턱을 숱하게 들락거려야 가마솥 밑으로 조촘조촘 내려간 엿물이 조청으로 변하는 순간과 맞닥뜨릴 수 있었다. 갈색으로 졸아든 조청은 세상에서 가장 달콤한 맛이었다.

땅에 떨어진 이삭 한 낱도 허투루 지나치지 않던 할머니가 쌀뒤주를 열어 말가웃이나 되는 쌀을 덜어 내는 때가 설이었다. 섣달그믐날이 되기 하루나 이틀 전, 불린 쌀을 이고 방앗간에 가셨던 어머니를 기다리는 일은 조청을 기다리는 일만큼이나 지루했다. 녹슨 함석 지붕의 방앗간은 들판 끝 신작로에 면해 있었다. 삼동네 함지박이란 함지박은 다 나와 줄을 섰을 것이니 우리 집 함지박의 차례는 언제쯤일지 가늠키 어려운 일이었다. 동구 밖에 나가 목을 빼고 방앗간 쪽을 바라보고 있으면 방앗간의 모습은 보이지 않았지만 발전기 돌아가는 소리가 바람을 타고 들려왔다. 통통통 통통통통, 바람이 동네 쪽으로 치불면 들려오다가 다시 방앗간 쪽으로 내리 불기 시작하면서 아스라이 멀어져 갔다.

어머니가 가쁜 호흡과 함께 대청마루에 내려놓던 함지박 안에는 두어 뼘의 뽀얀 가래떡이 가지런했다. 할머니가 베보자기를 열고 손으로 끊어 주시던 가래떡은 말랑하고 따뜻했다. 말랑하다는 낱말이 그처럼 어울릴 수 있는 음식이 어디 또 있을까. 내가 살강으로 간장 종지를 가지러 쪼르르, 달려가면 할머니는 벽장의 조청 단지를 꺼내와 조르르, 조청을 따라 주셨다. 나는 행여 달콤한 조청을 떨어뜨릴까 봐 턱을 한껏 치켜들고 가래떡 한 입을 베어 물었다. 가래떡의 말랑함과 조청의 달콤함에 감았던 눈을 살짝 뜨면 작은 속눈썹 밑으로 앞산의 풍경이 통째로 들어왔다. 겨우내 그 많은 땔감을 내주고도 수더분하게 앉아 있던 앞산, 그 산과 나 사이의 하늘로 메밀꽃 같은 눈송이들이 풀풀 날아들었다.

그날 밤, 가래떡 함지박은 서생원들을 피해 시렁 위에서 잠을 자야 했다. 꾸덕꾸덕 알맞게 굳어 있는 가래떡을 동글동글하게 썰어 대광주리에 가득 담아 놓으면 한 해 동안 뜨고 지던 하늘의 낮달들이 모두 내려앉은 듯했다. 썰지 않은 가래떡은 물두멍 속에 빠트려 두었다가 화로에 굽거나 뜸 들이는 밥솥에 얹어놓으면 다시 말랑한 속살을 내어주었다.

집 나갔던 빗자루도 돌아온다는 섣달그믐날 저녁이 되면 온 동네의 굴뚝이 바빠졌다. 한 섬지기의 굴뚝에도, 열 섬지기의 굴뚝에도 똑같이 하얀 연기가 하늘로 솟아올랐다. 집집마다이 부엌에서는 가마솥의 엉덩이가 덜궈시며 시루떡을 찌고 수정과를 달이고 수수부꾸미를 지져냈다. 설날 아침이면 꿩고기나 닭고기로 국물을 내어 끓인 떡국을 먹었다. 뽀얀 국물 위에 샛노란 지단이 꽃처럼 얹혀 있던 그 떡국의 맛은 넘치지도 모자라지도 않는 순결한 맛이었다. 그 따뜻한 떡국 한 사발에 행복한 나이 한 살을 얻어 가진 아이들은 늘 한 치수 크기 마련인 헐렁한 설빔을 입고 쭈뼛거리며 대문간을 들랑거렸다.

사회 계층 간의 관계를 지칭하는 갑을관계라는 말이 이슈화되고 있다. 뉴스마다 갑의 횡포니 을의 눈물이니 격앙된 목소리가 시끄럽더니 오늘은 을의 반격이라는 또 다른 신조어가 등장했다. 차창 밖의 눈발도 분분하고 갑과 을의 싸움도 분분한 새벽, 나는 먼 기억의 포구에 발이 빠진다. 방앗간을 지나고 벼꽃 피던 두렁길을 지나 그 동네로 간다. 갑수네 굴뚝에도 을수네 굴뚝에도 하얀 저녁연기가 나란하던 그 동네의 어귀에 서 있는 나의 손에는 아직도 말랑한 가래떡 하나가 쥐어져 있다.

제6부

봄볕은
가루분처럼
내리고

밥,
첫 번째
이야기

 아이들이 커가면서 온 식구가 함께 앉아 밥을 먹는 일이 드물어졌다. 저녁 식사는 꼭 같이 하자고 한 약속에 슬며시 금이 가기 시작한 지 오래다. 다섯 식구가 나누던 식탁이 넷이 되고 셋이 되었다. 지금은 비어 있는 자리의 아쉬움보다는 셋이 둘이 되기 전까지의 저녁 식사를 즐겨야 되는 수순일지도 모른다.

 내 어릴 적의 밥은 곧 질서였다. 부엌의 솥전에서 밥을 풀 때부터 할아버지가 가장 먼저였다. 할머니와 아버지 순으로 퍼내던 밥은 하얀 쌀도 그 순서대로 섞여 있었다. 당연히 할아버지가 먼저 수저를 들어야 나머지 식구들의 수저도 움직였다. 없는 반찬이었지만 어른들의 밥상에 놓인 것은 담는 그릇 모양새부터 달랐다. 나는 밥에 섞인 보리를 싫어했다. 어릴 때부터 입 안의 쌀은 용케도 넘기고 보리는 밀어냈다고 한다. 보리밥이 싫어 수저를 놓는 딸이 마음에 걸려 어머니는 아무도 몰래 쌀밥을 밥사발 밑바닥에 숨겨 놓으셨다. 그것은 어머니와 나만이 아는 비밀이었다.

밥을 짓던 부엌은 어머니와의 추억이 있는 장소이다. 해가 저물고 어둠이 내려올 때가 되면 나는 괜히 마음이 서글퍼져 부엌간의 어머니를 찾았다. 가마솥에 불을 때고 계신 어머니 곁에 앉으면 따스했다. 부엌 한 켠에는 칡넝쿨로 허리가 묶여 있는 마른 나뭇단이 가득했다. 소나무, 싸리나무, 참나무, 노간주나무 등 잘 마른 나무들은 아궁이 가득 기세 좋은 불너울을 만들었다. 타는 나무들에게서는 향기가 났다. 피고 지던 산꽃 냄새와 잎사귀에 숨어 있던 푸른 향기였다.

무릎이 따스해지고 볼이 빨개진 나는 아궁이 앞에 쪼그리고 앉아 부지깽이로 장난을 쳤다. 볏짚단이나 보릿대를 땔 때면 군데군데 남아 있던 벼나 보리가 순식간에 하얗게 터지면서 튀밥 같은 꽃을 만들었다. 나는 그 튀밥 꽃의 유혹에 부지깽이로 자꾸만 지푸라기를 아궁이에 밀어 넣었다. 어머니는 아까운 밥이 탄다고 불붙은 부지깽이를 빼앗아 구정물 통에 담갔다 뺐다. 치직거리며 불씨가 구정물 속으로 사라지고 하루만큼의 키가 작아진 부지깽이는 부엌간 한쪽에 세워졌다.

가마솥이 밥눈물을 흘릴 즈음 어머니는 굳은 떡이나 계란찜 같은 걸 솥 가장자리로 밀어 넣었다. 나는 잔치 끝에 남은 시루떡이나 물두멍에 빠져 있던 가래떡이 부드러워지기를 기다리며 아궁이로 바짝 다가앉았다. 토독 토도도독, 밥 잦혀지는 소리가 나면 어머니는 부지깽이로 불땀을 다독였다. 어머니는 울퉁불퉁하지만 반지르르 윤이 나는 부엌 흙바닥에 밥상을 놓고 밥을 차리셨다. 나는 붉어진 볼을 손바닥으로 가리고 앉아 아궁이 속에 남은 잔불이 꺼지기를 기다렸다. 하얀 김을 부엌 서까래로 뿜어 올리며 가마솥 뚜껑이 열리기를 기다렸다. 어머니는 내 작은 손에 쌉싸름한 향기가 나는 찹쌀떡이나 말랑해진 가래떡을 한 토막 끊어주셨다.

주전부리가 없는 날이면 어머니는 밥상에 반찬을 차려놓은 뒤 다시 아궁이 앞에 앉았다. 꺼져가는 잿더미를 헤집고 남아 있는 불씨 안으로 잘 마른 솔가지 하나를 던져 넣으면 솔가지는 화라락, 다시 불꽃을 일으켰다. 밥은 토독 토도도독 소리를 내며 되잦혀졌다. 식구들의 밥을 다 퍼 담고 나면 솥바닥에 샛노란 누룽지가 남았다. 솔가지 하나로 누룽지를 만드시는 어머니는 요술쟁이였다. 어머니는 대나무 채반만 한 누룽지에 칼집을 십자로 낸 다음 한쪽을 떼어 내어 내 손에 들려주었다. 보리밥도 누룽지가 되면 고소해졌다. 씹을수록 단맛이 났다.

동네 한가운데의 샘에서 물을 길어와 쌀을 씻고, 두꺼운 솥을 덥혀 밥을 짓고 국이나 나물 반찬을 삶고 익히는 부엌

일은 느리고도 힘들어 보였다. 삼동의 부엌간은 추웠지만 불 앞에 앉으면 따뜻했다. 불 너울에 비춘 어머니 옆모습은 곱고 아늑했다. 곁에 쪼그리고 앉아 있으면 덤으로 얻어지는 게 있어 좋았던 어머니의 부엌간은 행복한 공간이었다.

어머니는 매운 시집살이에 저녁 새처럼 날아 들어와 재잘대는 어린 딸이 있어 좋았다 하셨다. 내 손에 들려주고 남은 누룽지는 눌은밥과 숭늉이 되었다. 숭늉 마신 그릇을 내려놓으며 하시는 할아버지 말씀은 언제나 똑같았다. 밥티끼 하나도 버리지 마라. 밥을 소중히 여겨야 한다. 밥 앞에서 공손해야 한다. 밥 한술이 입으로 들어가기까지 아흔아홉 번의 수고를 했던 사람들에게 감사하며 먹어라.

할아버지는 일생을 논에 엎드려 살았고 종잇장처럼 얇아진 몸이 쓰러진 곳도 그 논둑이었다. 콩꽃이 피기 시작한 논둑에서 쓰러진 할아버지는 다시 일어나시지 못했다. 쓰러진 콩 줄기는 다시 일어나 그해 가을 숱한 콩꼬투리를 맺었건만 할아버지는 영영 돌아오지 못할 길을 떠나셨다. 고슬고슬한 밥 앞에 앉으면 가끔 그 할아버지 생각이 난다.

고향에 가고 싶다. 나무 타는 냄새 향기롭던 아궁이 앞에 앉아 보고 싶다. 호박꽃 같은 등잔불 아래 하얀 쌀밥을 먹던 그 저녁 밥상에 다시 한 번만 앉아 볼 수 있다면 좋겠다. 저녁 비가 내린다. 낯선 어둠과 함께 내리는 빗소리는 토독 토도도독, 어머니의 밥 자치는 소리와 닮았다. 빗소리는 저녁 내 지붕을 때리고 가슴엔 맘먹고 눌러 담은 가난한 집의 밥사발 같은 그리움만 묵지근하다.

밥,
두 번째
이야기

　얇은 겨울 해가 흔적도 없이 사라진 겨울 저녁, 몸살에 시달리던 몸을 추스르고 일어나 밥을 짓는다. 어릴 적 아프고 난 끝이면 어머니가 지어 주던 하얀 쌀밥이다. 고슬고슬 잘 지어진 밥에서는 향기가 난다. 쌀의 향기, 들의 향기, 바람의 향기가 난다. 따뜻한 쌀밥 한 그릇은 내 인생의 소울푸드이다.

　내가 초등학교를 다니던 산골의 계절은 들판으로 찾아왔다가 들판으로 사라지곤 했다. 볏단을 거둬들이고 나면 회색빛 빈 들로 찾아오던 겨울은 길고 매서웠다. 마침내 사월이 찾아오면 거짓말처럼 그 들판에 자운영이 피기 시작했다. 아니 내 불안정한 기억에만 의존해 본다면 꽃은 어느 날 아침이나 하오의 들판에서 갑자기 피어났던 것도 같다. 나는 그 신기한 분홍빛 꽃들에게 정신이 팔려 초등학교를 오가는 길의 발걸음을 멈칫거렸다. 무채색뿐이던 들판이 한꺼번에 토해 놓은 자운영의 꽃빛은 가히 색의 충격이라 할 수 있었다.

한꺼번에 피어오른 꽃들도 충격이었지만 어느 날 하굣길에 풋거름을 만들기 위해 쟁기질로 갈아엎어진 꽃들이 주는 충격은 더 컸다. 뒤집힌 흙덩이 속으로 언뜻언뜻 보이던 꽃의 잔재는 어린 마음에 상처를 남기기도 했다. 농부들은 그 논에 물을 채워 무논을 만든 다음 써레질을 시작하고 맏며느리 고르듯이 신중하게 고른다는 볍씨를 파종하면서 본격적인 농사일을 시작했다. 농사일이 시작되면 텅 비어버린 집은 뒤란에서 겨울을 버틴 대파가 동그랗게 밀어올린 대파꽃이나 앞마당에 풀어 놓은 닭들이 고개를 갸웃거리며 지켜주었다.

봄이 지나고 여름이 시작되면 들판은 진초록으로 옷을 갈아입고 아무도 모르게, 농부의 눈에만 보인다는 벼꽃이 피었다. 초여름 어느 이른 아침을 골라 벼들은 이삭마다 껍질을 반쯤 열고 아주 작은 벼꽃을 피워 놓은 채 자가수분하는 순간을 맞이했다. 농부들도 이 시기에는 모든 벼들이 고요하게 혼례를 치르도록 논에 들어가지 않았다. 그저 소금을 묻힌 듯 꽃을 피워 놓는 벼들을 멀찍감치 바라보며 그들이 제각기 꽃밥을 털고 이삭 집을 닫을 때까지 아침볕이 좋기를, 바람결이 부드럽기를 빌 뿐이었다.

초봄부터 가을이 늦도록 들판에 엎드려 살아야 얻어지는 것이 쌀이었다. 가뭄이 들면 갈라지는 논바닥에 애가 타고 홍수에는 물꼬를 돌보느라 밤잠을 설쳤다. 다 키워 놓았다 싶으면 꼭 한 차례씩 태풍이 지나갔고 웅덩이가 파인 듯 쓰러진 벼 포기를 바라보는 농부들의 심정은 참담했다. 밥상에서 어른들이 나누는 대화 역시 모두 벼에 관한 것이었다. 그래서 무논 속에 떠 있는 개구리밥으로 소꿉놀이나 하고 비 내리는 밤 개구리 울음소리에 귀를 기울이는 게 고작이었던 내가 벼멸구라든가 도열병, 잎마름병이나 피사리 같은 낱말들을 지금까지도 기억하고 있는 것 같다.

무거워진 이삭이 고개를 숙이고 들판이 황금빛으로 변해 가면 농부들은 이삭을 까보며 벼를 베어낼 날을 정하고 마침내 논에서 물을 빼냈다. 동네에 하나뿐인 탈곡기가 이집 저집으로 옮겨 다니며 와릉와릉 소리 내어 탈곡을 도왔다. 알곡을 털어 내고 남은 짚은 엮어서 지붕도 갈고 토담 위 용마루도 갈아 주고 돼지우리 바람막이도, 김장독 덮개도, 둥구미도, 씨오쟁이도 만들었지만 어린 우리들이 제일 좋아하는 것은 따로 있었다. 소여물이나 땔감으로 쓰기 위해 텃밭에 쌓아 둔 산만 한 짚 더미였다. 어두울 녘의 짚 더미에서 숨바꼭질을 하다보면 한겨울에도 등에서 땀이 났다. 술래에게 들킬세라 짚단 사이에 숨어 가쁜 숨을 몰아쉬노라면 코끝으로는 짚의 향기가 느껴지고 하늘에는 이제 막 떠오르기 시작한 별들이 눈까풀 너머로 가까워졌다 멀어졌다 하며 반짝거렸다.

고깃국에 이밥 한 그릇을 부의 상징으로 여기던 때가 있었다. 입 하나를 덜기 위해 어린 딸을 남의 집으로 보내고 망자의 마지막 가는 길에 입에 넣어줄 한 줌 쌀이 없어서 말린 조팝꽃을 사용하던 시절이 그리 멀지 않은 시간 속에 존재하고 있었다. 생각하면 쌀을 얻기 위해, 자식들 입에 밥을 넣어 주기 위해 한평생을 그 들판에 살다 굽은 허리로 생을 마쳤던 그 옛날 농부들의 삶은 고단했지만 순결한 삶이었다.

우리들의 세포를 이루게 하고 생명을 유지시켜준 밥 한 그릇에는 햇빛과 달빛과 바람과 농부의 땀이 들어 있다. 밥 한 그릇에는 풋거름이 되어준 풀들과 아무도 모르게 피었다가 사라진 숱한 벼꽃의 결정체가 들어 있는 셈이기도 하다. 나는 지금도 풋바심을 하여 얻은 올벼쌀로 지은 밥에서 나던 향기를 기억한다. 섣달그믐께가 되면 새경으로 받은 벼 몇 섬을 지고 노모가 계신 집을 향해 재를 넘어가던 머슴 아저씨의 뒷모습도 기억이 난다. 가난하고 춥고 애달픈 시절, 쌀은 모든 이들의 몸과 마음을 덥혀 주는 고마운 곡식이었다.

쌀도 밥도 음식도 흔한 세상이 되었다. 턱찌끼 남기지 말라 훈계하시던 어른들도 다 떠나시고 밥 먹었느냐 인사하고 밥 한 끼 나누자 청하던 정서도 옛것이 되었다. 하지만 주위를 돌아보고 소원했던 사람이나 소외된 사람을 불러 밥 한 그릇 나눠 먹으면 좋을 것 같은 계절이다. 마주 앉아 나누는 더운 밥 한 그릇만큼 서로를 따뜻하게 끌어당기는 게 또 어디 있을까. 따뜻한 것이 그리운 계절, 십이월이 깊어 가고 있다.

장마

 아침부터 창밖이 잔뜩 흐려 있다. 정신없이 꽃을 피워내던 채송화들도 주춤대며 꽃 피우기를 망설이고 있는 걸 보니 오늘도 한차례 비가 내릴 모양이다. 연일 비가 내리는 모습을 보니 미국에서는 잊고 지내던 장마가 생각난다.

 장마에 대한 기억은 내다 보이는 풍경이라곤 앞산이 전부였던 어릴 적 초가의 안방 마루에서부터 시작된다. 초가를 에워싸고 사선으로 내리긋던 빗줄기는 몇날 며칠을 그칠 줄 모르고 내렸다. 비가 내리기 시작하면 앞산 비탈 밭의 옥수수나무들은 꼿꼿하게 생기가 올랐지만 나는 반대로 풀이 죽었다. 마루 밑 허공으로 다리를 내려뜨리고 앉아 빗물에 무거워진 토란 잎이 좌우로 고개를 틀어 물을 쏟아내는 모습을 목격하거나 두둑, 소리 내며 풋과일이 떨어지는 소리를 엿들으며 견디는 여름 하오의 시간은 참으로 지루했다.

가끔 거센 바람이 빗줄기를 몰아가는 눈치가 보이면 오수에 지쳐 있던 마루 밑의 누렁이도 슬며시 눈을 떴다. 집 안에 한 대뿐이던 라디오에선 호우주의보가 발령되고 돌담에 기대어 있던 화단의 여름꽃들이 함부로 흔들리기 시작했다. 칸나의 목이 부러지고 빨랫줄을 받치고 있던 바지랑대가 쓰러지고 작두샘가의 양은 대야가 소리를 내며 뒤집히기도 했다. 푸른 수국의 꽃잎이 마구 떨어져 내리던 그 밤이 지나고 나면 뒤란의 늙은 살구나무 밑은 떨어진 풋살구들로 샛노랬다.

북상하는 장마전선이니 집중호우니 태평양고기압 같은 단어들이 라디오에서 되풀이 흘러나올 즈음이면 학교는 영락없이 문을 닫았다. 어른들의 장딴지까지 불어난 거센 물살이 돌징검다리를 흔적도 없이 휩쓸어갔기 때문이었다. 어른들은 장마가 져도 집에 계시지 않았다. 도롱이나 다 쓴 비료 포대를 뒤집어쓴 채 논의 물꼬를 터주고 쓰러진 곡식들의 줄기를 세워주는 일로 바쁘기만 했다.

좀 더 자라 백마강을 낀 읍내에 살 때 장마가 지면 어른들은 강의 범람을 우려하여 하루에도 몇 번씩 강둑을 오르내렸다. 다리를 동강 내고야 말겠다는 듯 강물은 거세졌고 가끔씩 그 강물을 타고 수박이나 참외, 혹은 소 돼지 같은 가축들도 떠 내려왔다. 그 즈음 단발머리 소녀가 된 나는 천둥벌거숭이같이 강둑으로 내닫던 남동생과는 달리 장맛비 소리에 달콤하게 갇혀 가는 법을 배워 가고 있었다.

세월이 흘러 남동생과 단둘이 도시로 나가 살기 시작하면서 맞닥뜨려야 했던 장마는 아주 불편한 존재였다. 쪽마루 밑의 젖은 신발이나 젖은 옷가지들도, 꺼져가는 연탄불도 모두 내 몫의 일이 되었기 때문이었다. 방 안의 노란 빨랫줄에 젖은 빨래를 주렁주렁 널어 놓은 밤, 그 빨랫줄 옆에서 그네를 타던 전구에 불을 끄고 잠을 청하면 쉬이 잠에 들지 못했다. 양철 지붕 위로 소란스런 장대비가 오락가락 하던 그 밤, 먼 데서 들려오던 기적 소리는 뎅강뎅강 나의 잠을 잘라내곤 했다. 어머니의 젖은 옷 냄새가 그리워 모로 돌아눕곤 했던 그때의 내 나이는 열아홉이었던가. 스물이었던가.

한국 장마의 주범은 오호츠크 해와 북태평양에서 발원한 두 기류이다. 차고 습한 성질의 기압과 무더운 성질의 고기압이 만나 형성된 대류가 한반도에 장기간 머물면서 장마를 일으키는 것이다. 우리네 인생에도 정체불명의 대류가 형성되어 장마가 드는 시기가 있다. 어떤 이의 삶도 마찬가지이다. 사위는 온통 어두워지고 송곳 같은 빗줄기만이 반경을 에워싸며 내리꽂힐 때 우리는 쉽게 절망한다. 하지만 절망은 동굴이 아니라 터널이라는 말이 있다. 고요히, 혹은 과감히 나아가다 보면 빛이 보이고 터널은 끝이 난다. 대부분 작가들의 대작은 그 절망의 기간에 탄생되었다고도 하니 궂은 날은 우리 인생의 키를 키우는 역할을 한다고 볼 수도 있다.

맑은 날만 계속된다면 모든 땅은 사막이 될 것이다. 결코 멈추지 않을 기세로 내리던 내 어린 날의 장맛비도 그치는 날은 찾아왔다. 비록 홍수에 신작로가 패이고 천둥번개에 민둥산들이 한 귀퉁이를 떼어 먹히기도 했지만 앞산이 거짓말처럼 해를 내놓는 날은 꼭 찾아왔다. 잃는 게 있으면 얻는 것도 있는 법, 장마가 그치고 난 후의 햇살은 한결 투명해졌다. 개울가의 달개비는 한 마디나 자라나 푸른 나비처럼 꽃들을 피워냈고 논밭의 생명들은 햇빛을 탐하며 실하게 영글어갔다. 행복이란 달리 말하면 장마를 겪은 후에 똑같은 자리에서 바라보는 다른 풍경과 같은 것인지도 모른다.

눈을 들어보니 주방 창 너머로 비가 내리기 시작한다. 냇물 너머 학교에 가기 위해 여름마다 한 번씩 업혀 보았던 아버지의 등, 그 땀내 섞인 온기가 생각나는 아침이다. 아버지가 맞아야 했던 인생의 빗줄기는 얼마나 억세고 그악스러웠을까. 또한 장맛비 속을 한 번도 걸어본 적 없는 내 아이들이 인생의 장마기간을 맞닥뜨리게 된다면 과연 그 거센 물살을 건널 수나 있을까.

장마에 떠내려가던 고무신의 기억처럼 세월은 빠르게 흘러갔다. 이제 푸르던 냇물 위의 징검다리도, 그 다리를 건네주던 아버지도 이 세상에 없다. 다만 사는 일이 징검다리를 건너는 일처럼 위태롭다 여겨질 때마다 아직도 아버지는 한 번씩 내게 등을 내놓으실 뿐이다.

봄볕은
가루분처럼
내리고

 채워 가는 것을 행복으로 알던 날들이 있었다. 그림이며 자잘한 소품들을 걸고 채우며 바라보는 것을 행복으로 느끼던 나이였다. 그리고 이제 나는 다시 비워 내는 행복을 알아 가고 있다. 살림들을 없애는 과정이 그것들을 모을 때보다 더 흥분된다. 정갈한 마루의 비어 있는 공간이 좋다. 반닫이 위의 앤틱 시계나 악기 모형들을 걷은 자리에 흑백사진 몇 장을 올려놓는다. 사진은 누렇게 변색했거나 묵은 책갈피에서 떨어진 마른 꽃잎처럼 한 귀퉁이가 떨어져 나간 것도 있다. 성냥갑만 한 작은 사진들, 촌스럽기 그지없는 흑백사진들을 들여다보는 일이 즐겁다. 사진 속에는 오롯한 추억의 길이 뚫려 있다. 인생의 어느 한나절은 누구에게나 꽃을 피우는 시간이었음을 말해 주는 사진들, 그 오연한 삶의 흔적들을 들여다보고 있으면 마음이 저절로 공손해진다.

이십여 년 전에 시외조모님을 찾아뵌 적이 있었다. 할머님은 오래된 셔츠 상자에 고이 간직하셨던 남편의 어릴 적 사진들을 내게 내놓으셨다. 품에 그득했던 자식들과 유리문을 열면 하얀 햇살이 발뒤꿈치를 따라다녔다는, 처음 장만했던 양옥집의 사진을 내게 보여 주시며 흐뭇이 미소를 지으셨다. 남편의 사진과 어른들의 사진들 몇 장까지 더 챙겨 드는 나에게 "가져간다면 고맙지, 고마운 일이지." 할머님은 혼잣소리를 거푸하셨다. 세상에서의 시간과 작별해야 할 시간이 문 앞에 당도했음을 아셨던 때문이었을까. 떨어지는 꽃잎처럼 없어질 할머님의 시간, 그 흔적으로 남을 사진들을 어린 손주며느리가 가져가겠다 하니 그게 그리 고마우셨던가 보다. 그해 겨울 시외조모님은 세상을 떠나셨다.

　친정어머니가 쓰러지셨다는 소식을 듣고 서둘러 한국에 간 적이 있었다. 한 달이 넘게 언어 신경이 손상되어 혼곤한 잠과 눈빛으로 언어를 대신하시던 어머니가 내 앞에 내놓으신 게 있었다. 그동안 보내드린 아이들의 사진이었다. 정리하고 싶으시다 했다. 옷도 그릇도 두 벌 이상씩 남겨 놓고 싶지 않다고 하셨다. 창졸간에, 황망 간에 당할지도 모르는 이별 앞에 모든 걸 간단히 해두고 싶다 하셨다. 어눌하기 이를 데 없는 발음이었지만 어머니의 말씀은 완강했다.

　타국만리에 첫 자식을 보내 놓고 꽃밭 쪽 하늘 밑일까, 뒤

안 쪽 하늘 밑일까, 어머니는 딸을 향한 그리움의 적을 둘 수 없어 마당만 서성이셨다 했다. 첫아이의 사진을 보내드린 날, 어머니는 눈도 채 뜨지 못한 배냇저고리 아기 사진을 가슴에 안고 잠이 드셨다 했다. 어머니가 들여다보고 다시 들여다보며 품에 안고 잠이 드셨다는 아이의 첫 사진은 그렇게 다시 내게 돌아왔다.

사진들을 가만히 들여다본다. 먼저 양쪽 조부모님의 사진이 눈에 들어온다. 마루 깊숙이 들어가 있는 햇빛의 각도로 보았을 때 초여름날의 하오쯤 되었을까, 풀기로 부푼 모시 한복을 입고 마루 끝에 앉아 계신 나의 조부모님과 털보사진관이나 행복사진관 어디쯤에서 펑 터지는 마그네슘 분말 조명 밑에 찍은 시조부모님 사진의 표정이 약속이나 한 듯 똑같이 순전하다.

여섯 살쯤 되었을까. 유일하다시피한 어릴 적 내 사진은 수수밭을 배경으로 하고 있다. 마당가에는 한해살이 여름꽃도 몇 피어 있었을 텐데 아마도 칠팔월의 해그림자가 이미 오후의 꽃밭을 점령하고 있었던 시각인가 보다. 그 사진 옆에는 네다섯 살 정도의 상고머리 아이가 양옥 마당에서 세발자전거를 타고 있다. 도시에서 나고 자란 남편이다.

그 두 아이는 같은 해 이월, 충청도 산골과 서울에서 각자의 초등학교 졸업사진을 찍는다. 여자아이는 그날도 여전히 벗지 못한 빨간 털 스웨터를 입고 졸업장을 돌돌 말아 쥔 채 표정이 쑥스럽다. 체크무늬 반코트에 구두까지 갖춰 신은 서울 아이는 개선장군처럼 커다란 꽃다발을 목에 걸고 있다. 사철나무 가지와 물들인 미농지 종이꽃으로 만든 꽃다발이다.

남편은 사촌들과 함께 창경궁의 벚꽃놀이에 가서 사진을 찍기도 했고 대한항공이라는 글씨가 선명한 비행기의 트랩에 오르면서 포즈를 취하기도 했다. 이야기의 대결 구도에서 밀려나는 나의 사진들, 사진들의 경쟁에서 도시에서 자란 남자아이가 압도적 승리를 거둔다. 남편이 비행기를 타고 부산에 가고 해운대 백사장에서 까만 선글라스를 끼고 사진을 찍던 그 시간, 나는 싸릿재 너머 깊숙한 동네의 하늘을 쉐엑- 하고 가로질러 뒷산 마루로 사라지는 비행기를 목이 빠지도록 올려다보고 있었을지도 모른다. 마당가의 원추리꽃 위에 어질어질 샛노란 어지럼증을 내려놓으며 비행기가 날아가는 까마득한 세상을 궁금해했을 것이다.

세월은 그 산마루로 사라지던 비행기처럼 빠르게 지나가 버렸다. 스무 살이 되어서야 서울에 처음 가본 시골뜨기였던 나도, 그 시골뜨기 여자에 반해 결혼한 남자의 머리에도 세월의 흔적이 희끗하다. 파리똥 묻어 있던 사진틀에서 빼내오고, 감잎 같던 어르신의 손에서 넘겨받고, 오래된 앨범에 등짝이 들러붙어 있기도 했던 사진들 속에는 이제 볼 수 없는 얼굴이 하나둘 늘어가고 있다.

어머니의 방에는 열한 손주들의 사진이 벽에 걸려 있었다. 어머니는 어둡고 지루한 한밤이 지나고 햇귀가 비춰오는 시각을 기다리신다고 했다. 미명 속에 아이들의 얼굴을 하나씩 바라보며 그 아이들이 살아낼 하루의 안녕과 한 생의 온전함을 위해 긴 기도를 하신다고 했다. 비록 반편의 몸은 굳어졌으나 아직은 맑은 정신으로 기도할 수 있음에 감사하신다 했다. 미완의 언어를 온전하게 들어주실 하나님이 계셔 행복하시다 했다.

어릴 때 제대로 된 사진 한 장 찍어주지 못해 미안하다던 어머니, 어머니는 아실까. 어머니의 한 생이 내겐 전부 느린 컷의 사진으로 남아 있다는 것을, 내 가슴 한복판에 걸려 있는 그 사진이 세상에서 가장 아름다운, 제대로 된 사진이라는 것을 어머니는 알고 계실까.

어린것을 보듬어 안고 음력 이월의 시골길, 그 찬바람 속을 걸어 읍내 사진관에서 찍어온 내 첫돌 사진 속의 어머니 얼굴은 아직도 복사꽃처럼 곱다. 그 고운 어머니의 얼굴 위로 가루분처럼 봄볕이 내려앉고 있다.

목단꽃
솜이불

    그날도 장대비가 내렸다. 한 달 가까이 비어 있던 아버지 아파트의 베란다에는 몇 가지 나무와 꽃들이 시들거나 죽어 가고 있었다. 어깻죽지에 힘을 잃은 우리 형제들처럼 그들도 돌아가신 아버지의 애달픈 식구들이었다고 생각하니 바닥에 떨어져 있는 하얀 치자 꽃잎 한 장도 가여웠다.

    아버지와 어머니가 함께 사시던 아파트를 정리하기 위해 가족들이 모였다. 아버지가 남긴 짐을 정리하고 혼자되신 어머니의 거처를 옮겨야 하는 일이 남아 있기 때문이었다. 산다는 것은 남의 일로만 여겨지던 일들이 내게도 차례로 일어나는 걸 깨닫는 과정 같았다. 거짓말처럼 어머니가 쓰러지고 또 거짓말처럼 성성하던 아버지가 어머니보다 먼저 우리 곁을 떠나셨다.

    고단했던 한 생을 대변하듯이 거실로 끌어낸 살림살이의

모습은 초라하기 짝이 없었다. 아버지의 손때 묻은 물건들을 정리하는 일은 슬프고도 절망스러운 일이었다. 누군가가 가져가기로 하고 혹은 아무도 가져가지 않는 물건들은 버리면서, 아버지 아파트에서의 마지막 밤은 그렇게 깊어 갔다. 새벽녘에서야 어머니의 장롱 속에 개켜져 있던 묵은 이불들이 끌어내졌다. 방방마다 아버지의 금쪽같은 손자 손녀들이 잠들어 있고 남겨진 공간인 거실에 이불을 붙여 깔고 다섯 형제가 나란히 누웠다. 잠은 쉬이 찾아오지 않았다. 애꿎은 장대비가 유리창을 두둑이며 지나는 소리만 귓전으로 들려왔다.

우리가 깔고 잠을 청하는, 다홍 깃에 목단꽃이 그려진 초록색 양단 솜이불은 어머니의 혼수품이었다. 오십 년을 훨씬 넘게 쓴 이불이었다. 이불은 세월의 무게에 눌리고 우기를 품어 이제는 더 이상 부드럽지도 폭신하지도 않았다.

시집오기 전 어머니가 살던 동네 어느 밭에선가 깍지를 까고 초여름의 세상으로 나왔을 목화꽃, 햇빛 아래 구름처럼, 달빛 아래 보석처럼, 하얗게 빛나며 목화꽃은 피어났으리라. 그렇게 스무 날쯤 목화꽃은 하얗게 피었다가 분홍색으로 변하여 밭고랑으로 뚝뚝 떨어졌으리라. 꽃잎이 떨어진 자리에 손톱만 한 목화 다래가 열렸으리라. 한때 아이였던 어머니는, 한때 귀밑머리 수줍은 처녀였던 어머니는 그 달착지근한 다래를 따 먹어 보기도 했으리라.

작은 부채처럼, 작은 왕관처럼 목화 다래가 벌어지는 가을이 오면 어머니는 옆구리에 대소쿠리를 끼고 목화밭으로 갔을 것이다. 갈바람에 터진 목화송이를 하나씩 따 담으며 하얀 구름이 사라지는 산마루를 올려다보았을지도 모른다. 양지바른 봉당 위에 그 목화를 널면서 어머니는 꿈꾸었으리라. 달밤의 목화꽃처럼, 설레며 붉게 변해가는 그 꽃빛처럼, 수줍은 꿈을 꾸었으리라.

씨를 빼내기 위해 밤마다 시아틀에 목화를 밀어 넣으며, 외할머니는 무슨 생각을 했을까. 씨를 뺀 그 목화 보따리를 고개가 휘도록 머리에 이고, 외할머니는 시오리 고갯길을 넘어 장에 가셨으리라. 장터 솜틀집에 들러 어여쁜 딸이 덮을 이불이니 어여삐 틀어 달라 부탁하였을 것이다. 풀 먹인 하얀 호청에 공들여 시침질을 하며 투둑, 목단꽃잎 위에 눈물도 몇 방울 떨어트렸으리라.

다홍치마 새색시가 된 지 얼마 안 되어 아버지는 삼 년 육 개월을 기약하며 군에 입대하셨다. 낯선 동네, 낯선 지붕, 낯선 서까래 밑에 열아홉 새색시였던 어머니는 그 햇솜 이불을 펴고 혼자 잠이 들었다. 식어버린 방고래에 엄동이 지나가는 새벽이면 그 이불 속에 남아 있는 온기만이 어머니가 의지할 기운이었으리라.

희미한 등잔불 밑에 깔려 있던 목단꽃 솜이불 속에서 내가 태어나고 차례로 동생들이 태어났다. 낮에는 햇빛이, 밤에는 솜이불의 온기가 우리를 키웠다. 우리는 따뜻한 그 이불 속에 누워 뒤란에서 굴뚝새가 우는 소리를 들었고, 아침 해가 문지방을 넘는 소리를 들었다. 초승달이 살짝 허리를 젖히며 구름 속으로 들어가는 소리를 들으며 꿈을 꾸었고, 수꽃을 밀어낸 옥수수밭이 바람에 쓸리는 소리를 들으며 옥수숫대처럼 키가 자랐다.

삼십 촉 희미한 알전구가 켜지는 읍내로 이사할 때도 용달차 한구석에 그 솜이불 보따리가 실려 있었다. 짜르르하고 연탄고래 위의 양은솥 물 끓는 소리가 들리던, 읍내의 작은 양옥은 웃풍이 세었다. 바람이 윙윙거릴 때마다 머리 끝까지 솜이불을 끌어 올렸다. 서로 잡아당긴 이불 속 어디엔가 아버지를 위해 묻어둔 밥주발이 딸그락하고 뚜껑이 벗겨지기도 했다. 우리들이 섣부른 날개를 달고 각자의 하늘로 날아간 다음에도 오래도록 어머니는 그 솜이불을 덮고 잠드셨을 것이다.

우리들 유년의 얼룩을 안고 초라해져 간 목단꽃 솜이불은 부드러운 캐시밀론 이불이나 밍크 담요에 자리를 빼앗기고 장롱 제일 아랫자리로 밀려났다. 어머니는 금가락지나 월급봉투처럼 소중한 것들은 손수건에 돌돌 말아 그 이불 품 사이에 보관하시기도 했다. 어쩌다 도시에 사는 자식들이 우르르 몰려가서 침구가 모자랄 때라야 한 번씩 방바닥으로 끌어내져 이불 대신 요로 쓰이던 목단꽃 솜이불은 어머니처럼 늙고 초라해져 갔다.

짧은 한 여름날 밭고랑 사이로 맥없이 떨어져 내린 목화꽃은 두 번 피는 꽃이었다. 꽃이 진 자리마다 다래가 맺히고, 맺힌 다래마다 가을 햇빛이 쏟아지면 하얀 솜털을 밀어내며 부드러운 솜꽃이 다시 피었다. 서리가 내리면 통째로 뽑아 토방 밑에 아무렇게나 던져 놓아도 가을볕을 먹고 남아 있는 힘을 다해 솜꽃을 꾸역꾸역 마저 내놓은 다음 아궁이 속으로 타들어 가던 목화의 일생은 우리네 어머니의 일생을 닮았다. 내어주고, 내어주고, 마저 내어주고 시들어버린다.

초저녁이 되면 어머니는 다섯 자식의 이름을 차곡차곡 불러들이셨다. 놋대야에 따스운 물을 담아 손을 씻기고 솜이불 아랫목에 품어 재우셨다. 제 손 하나 못 씻던 우리들을 그렇게 키우셨듯이 이제는 우리가 어머니의 손발을 씻기고 아랫목에 손 넣어보며 돌보아야 할 차례임이 분명했다. 그런데 나는 빈 대궁이 되어버린 어머니를 혼자 남겨두고 낯선 하늘 아래로 다시 돌아왔다. 어머니가 그리우면 하늘을 올려다본다. 달이 된 어머니가 밤새 나를 지키고 가끔은 낮달로 떠서 나를 내려다보고 있기 때문이다.

비 오던 그날, 자식들 그 누구에게도 선택되지 않아 아파트의 쓰레기 박스로 내몰린 목단꽃 솜이불 두 채는 어디로 갔을까. 내 어머니를 닮은, 촌스럽고 볼품없어진 그 이불은 내 유년의 얼룩을 고스란히 간직한 채 어디로 가버렸을까.

커피를
마시며

 겨울은 오로지 깊어 가는 것만이 제 할 일인 양 우물 속처럼 깊어지고 있다. 메밀꽃 같은 첫눈도 지나간 지 오래고, 얼음이 얼어 뒤뜰에 남아 있던 식물 몇 가지를 박제시켜 놓은 지도 오래다. 그중에서 마른 부추꽃 두 송이가 눈에 들어온다. 긴 겨울과 맞서기라도 할 셈인지 꼿꼿하게 고개를 들고 있는 모습에 눈길이 머문다.

 이런 날은 커피 한잔이 생각난다. 카페인 성분에 점령당해 잠을 설치기 일쑤이면서도 겨울 아침이면 자꾸만 커피의 유혹을 느낀다. 커피 머신에 불을 켜고 조록조록 떨어지는 커피를 눈과 코가 먼저 맛보고 다음으로 커피잔을 쥔 손이 그 향기를 읽는다. 그리고 빙점 이하로 내려간 겨울 냉기와 텅 빈 뒤뜰 풍경에 연계된 커피 맛이 가장 나중으로 가슴에 짙게 퍼진다. 겨울 아침에 마시는 커피 한잔은 특별한 온기를 지닌 따뜻한 언어와 같다.

아침에 일어나자마자 어머니께 전화를 드리니 이미 졸음이 깊다. 미국이 하절기에 쓰는 서머타임을 끝내고 윈터타임으로 돌아갔기 때문에 시차가 열네 시간이나 난다. 작년 이맘때는 아버지와 통화하며 추웠던 겨울에 대한 추억을 모티브로 몇 편의 글을 쓰기도 했었는데 거짓말처럼 올겨울엔 그 아버지가 안 계시다. 이제 아버지와의 시간은 뒤뜰의 풍경처럼 모두 흑백의 시간 속에 갇혀 버렸다. 색상을 잃어버렸고 움직임을 잃어버린 셈이다.

아버지가 세상의 문패를 떼어내면서 혼자가 되신 어머니를 실버타운으로 모셨다. 아무리 좋은 시설이라 해도 분명한 건 혼자 계시다는 사실이다. 두 분의 삶은 이 땅의 모든 부모가 그랬듯이 자식들을 좀 더 나은 문명의 불빛 속으로 합류시키기 위해 애쓰는 삶을 사셨다. 이제 그 불빛 밝은 세상으로 떠난 자식들은 제각기 바쁠 뿐이다.

어머니가 사시는 곳엔 숱한 이야기들이 있다. 전화를 걸면 어머니는 그곳 이야기를 어눌한 발음이지만 소상히 전해주신다. 그곳엔 어머니처럼 한쪽 몸이 성치 못한 분들과 치매를 안고 사는 분들이 모여 지내신다. 삶이라는 전쟁터를 건너오며 몸과 마음에 고장이 난 분들이다. 파편처럼 박혀 있는 기억의 조각만을 안고 사시는 분들의 이야기가 가엾다.

날만 저물면 먹던 밥에 이불을 덮어 놓고 누군가를 기다리는 할머니가 있다. 밤마다 보따리를 품에 안고 고향으로 간다고 한 차례씩 소동을 벌인다는 할머니의 이야기도 있다. 화장실에 갈 때마다 화장지를 뜯어와 보따리 가득 넣고 베고 잔다는 할머니도 있다. 자꾸 들어도 애닯다. 거기에 내 어머니가 계시다.

어머니란 대명사는 가난한 부엌에서 요술처럼 따뜻한 밥상을 차려내고 시들어가는 텃밭의 채소 한 잎에도 다시 호흡을 불어넣어 주는 이름이었다. 그런 요술쟁이 어머니가 이제 쓰러져 혼자서는 영영 일어서질 못하는 몸이 되었다. 한숨 자고 깨면 다시 잠들기가 힘들다는 어머니는 오늘도 한밤중에 깨어 지나간 날의 부엌이나 텃밭쯤에 앉아 있을지도 모른다. 하이타이 흰 거품을 날리며 삶은 빨래를 벅벅 문지르던 젊은 날의 수돗가에 앉아 있거나 빨랫줄 밑에 뛰어놀던 어린 것들의 부드럽던 머리칼을 떠올리며 쓸쓸한 기억의 포구를 헤맬지도 모른다. 누구나 그런 쓸쓸한 포구를 혼자서 걸어야 하는 날이 찾아올 것이다. 푸르던 것들이 쇠하여지는 시간은 생각보다 짧을지도 모른다. 가을 들판의 풀처럼 속절없이 말라버리는 시간은 누구에게나 공평하게 찾아올 것이다. 기억을 잃어버리지 않고서야 기억을 잃은 자의 허망함을 알 수 없고 성한 몸을 가지고 있을 동안은 성치 못한 자의 무거운 육신을 가늠할 수조차 없으리라. 홀로 남겨진 어머니 때문에 자식들은 모두 이 겨울의 밤바람 소리를 모로 누워 듣는다고, 모로 누워 자는 자들의 불편함에 대해서만 이야기한다. 그러면서도 누구 하나 선뜻 반편의 어머니를 차지하겠다고 나서지 않고 있다. 푸르던 어머니의 몸을 서로 차지하겠다고, 그 팔을 나누어 베겠다고 자리다툼을 하던 기억이 아직 생생한데 고장 난 육신을 가진 어머니는 실버타운 깊숙한 곳에서 홀로 겨울을 나고 있다.

오랜만에 차이콥스키를 듣는다. 겨울 아침에 듣는 안단테 칸타빌레는 커피 맛처럼 은근하게 가슴으로 스며든다. 졸음 깊은 어머니와의 짧은 통화를 끝내고 혼자 마시는 커피가 취기처럼 온몸으로 퍼진다. "커피의 맛은 악마처럼 검고 지옥처럼 뜨거우며 천사처럼 순수하고 사랑처럼 달콤하다"는 18세기 프랑스 정치가 탈레랑의 말이 떠오르는 아침이다. 이 아침 숱한 사람들이 커피 한잔을 손에 들고 하루를 시작하리라. 며칠 전 읽은 기사에 의하면 커피 한 잔을 뽑으려면 백 개가량의 커피콩이 들어간다고 한다. 그 커피 한 잔 분의 커피 열매를 팔고 커피 농부의 손에 쥐어지는 돈은 고작 1센트이라고 하니 참으로 공평치 못한 배분의 법칙이 아닐까 싶다. 나머지는 모두 거대 커피회사와 중간수출입업자들의 손으로 넘어간다는 커피의 진실을 알고부터 커피 한 잔을 들여다보는 마음이 전과 같지 않다. 잘못된 배분의 법칙, 그중 으뜸인 것은 어머니와 자식 사이가 아닐까. 좋고 빛나는 것들은 자식에게 다 내어주고 마침내 빈 깍지가 되어 꺼져가는 생명을 붙잡고 있는 어머니에게 남은 건 무엇일까.

겨울 아침, 뒤뜰 홍가시나무에 찾아오던 붉은 로빈 새 부부가 보이지 않는다. 가끔 나뭇가지에 찔러놓은 빵 조각을 톡톡 쪼아먹으며 갸웃이 나를 쳐다보곤 했었는데 어디로 간 것일까. 졸음에 묻힌 어머니와의 짧은 통화는 쓸쓸한 여운을 남겼다. 태평양 건너에서 잠의 나락으로 떨어지고 있는 어머니는 혼자서 커피를 마시고 있는 딸의 존재를 느끼실까? 겨울 깊은 어머니의 병실 창문 너머에도 별이 떠 있을까. 어머니는 한밤중에도 자꾸 잠에서 깨진다고 하셨다. 오늘 밤 행여 자다 깬 어머니는 그 별들을 올려다보며 분주했던 청춘도 고달팠던 젊은 날도 부질없고 가뭇없는 것이었다 생각하시지 않으려나. 반편만 성한 몸을 힘겹게 뒤척이며 으스스 밀려 오는 삶의 한기를 느끼시지는 않으려나. 나는 지금 어머니로부터 너무 먼 나라의 아침에 앉아 짙은 커피 한잔을 마시고 있다.

반달접시

미니멀 라이프를 실천해 보겠다고 물건 줄이기를 시작한 지 꽤 오래되었는데 아직 버리지 못하는 습관이 하나 있다. 빈 통을 모으는 버릇이 바로 그것이다. 각종 소스나 피클, 아이스크림이나 과자를 먹고 난 통들이 아까워 수납장에 모아두곤 한다.

오늘은 딸기잼 병 하나를 깨끗이 씻어 수납장에 넣으며 오래전에 세상을 떠나신 할머니를 떠올린다. 그 시절의 할머니들 누구나가 그랬듯이 할머니는 비료 종이 포대, 소주병, 장보따리 속에서 나온 고무신이나 양말을 싸준 누런 종이 같은 것도 소중히 간수하셨다. 비료 종이 포대는 새 학기에 책싸개 종이가 되기도 했고 겨울 들판에 가오리연이 되어 날아가기도 했다. 혹은 볼일 보는 사이 손으로 비벼 뒷간 종이로 사용했다. 그렇게 뒷간 바닥으로 떨어진 종이 포대는 발효가 된 뒤 두엄더미에 섞여 두엄 김이 오르는 봄날이 오면 논이나 밭에서 물에 풀어진 하얀 요소 비료와 해후를 했다.

할머니는 깨끗한 종이 포대를 골라내 무쇠반닫이 옆에 끼워 놓았다가 겨울 초입에 시루떡을 싸는 종이로 쓰셨다. 몇 개 남지 않은 못생긴 모과가 된서리 맞으며 떫은맛을 덜어낼쯤이 되면 되풀이되는 할머니만의 행사였다. 이홉들이 소주병에 종이마개 틀어막아 참기름을 담고 무명 자루에 온갖 곡식을 올망졸망 나누셨다. 끝으로 구멍 뚫린 질시루에 베보자기를 깔아 시루떡을 찌셨다. 하얀 찹쌀가루와 쳇불 굵은 어레미에 내린 팥고물을 한 켜씩 깔고 옹솥에 물을 부어 떡시루를 올리고 시룻번 붙여 장작불을 활활 지피셨다. 겨울 초입이면 그렇게 한 번씩 부엌간에 떡 익는 냄새가 퍼졌다. 떡 익는 냄새는 초겨울의 향기였다. 추수를 끝낸 할머니가 만들어내는 감사의 향기였다. 할머니는 접시 끝을 눌러 열십자 모양으로 자른 찰시루떡을 종이 포대에 싸 보따리에 넣고 도시의 자식들 집을 차례로 돌아다니셨다.

읍내로 이사 나온 뒤 우리 집에도 할머니의 그 순례가 시작되었다. 찰시루떡을 좋아하는 맏손녀가 생각나 넉넉히 찹쌀을 덜어내 찧었다며 나무 등걸 같은 손으로 떡보따리를 풀어 놓으셨다. 할머니가 시골집으로 돌아가시면서 챙기는 것은 딱 두 가지였다. 하나는 무명 보자기였고 또 하나는 갱지로 만든 시험지였다. 선생님이셨던 아버지 덕분에 언제나 우리 집엔 종이 포대보다 곱절은 부드럽게 쓸 수 있는 시험지가 넉넉했다. 등사판으로 긁어 롤러로 민 갱지는 걸핏하면 잉크가 배어나기 일쑤였지만 할머니에게 그 종이는 허리띠 졸라매고 가르친 맏자식에게 얻은 자부심 같은 것이었다. 할머니는 그 자부심을 뒷간에 두고 오래도록 아껴 쓰셨다.

모든 게 흔치 않던 시절이었다. 어쩌다 동네에 잔치라도 치를 일이 생기면 온 동네의 접시를 모아야 했다. 살강 위의 접시 한 죽으로는 삼동네 사람들을 다 먹일 수 없었기 때문이었다. 이 집 저 집에서 거두어 온 접시들은 모양새가 비슷했다. 잔치가 끝나고 싸리채반이나 대채반 위에서 물기를 날린 접시들을 각자의 집으로 용케도 분리하던 할머니의 비밀은 접시 뒷면에 있었다. 접시를 사 오면 아예 빌려줄 날을 대비하여 사람들은 접시 뒷면에 동그라미며 세모, 네모, 꽃무늬 등 그 집만의 고유한 표식을 그려 넣었다. 우리 집 접시의 무늬는 도회지에 사는 작은아버지가 그려 넣은 반달 무늬였다. 주홍 페인트로 반달을 그려 넣어 그 누구네 접시와도 섞일 일이 없었다.

나는 우리 집에 신문물을 들여다 놓던 그 작은아버지를 닮고 싶었다. 라디오를 통해 다섯 시에 시작되는 어린이방송을 듣게 해준 사람도 작은아버지였고, 동네에 하나뿐인 흑백 텔레비전을 사 온 사람도 작은아버지였다. 은근히 전기세 걱정을 하면서도 사람들이 돌아갈 때까지 대문 빗장을 지르지 않고 초저녁잠의 나락으로 떨어지던 할머니를 지켜보면서 나도 커서 할머니를 흐뭇하게 만드는 사람이 되고 싶어졌다.

훗날 나도 도회지로 나가 살며 가끔 할머니를 찾아갔다. 불쑥 내밀면 신기해하고 자랑하며 아끼고 오래 보듬을 만한 선물을 사다 드렸지만 할머니는 그것들을 쓰지 않았다. 살구색 스웨터는 반듯하게 접힌 채 반닫이 속을 못 벗어났고 솜누비버선을 사다 드려도 할머니 발뒤꿈치엔 언제나 낡은 버선이 걸려 있었다. 새것은 두었다가 쓰려고 못 쓰고, 좋은 것은 아꼈다가 쓰려고 못 쓰셨다. 그래서 돌아가신 할머니 반닫이 속엔 새것과 좋은 것들만 가득했다. 일곱 마지기 논문서보다 더 소중했던 할머니의 마음, 아끼며 행복했고, 간직하며 행복했던 할머니의 마음문서가 그 반닫이 제일 깊숙한 곳에 숨어 있었다.

일회용 용기의 천국인 미국에 살며 할머니 생각이 날 때가 많다. 한 번 쓰고 버리는 멀쩡한 일회용 접시와 컵, 온갖 빈통들을 보면서도 할머니 생각이 난다. 할머니라면 버리지 않고 백날천날을 넘겨 쓰셨을 것이다. 설거지를 마치고 쓰레기를 들고 나간다. 하루 먹은 쓰레기통이 너무 무겁다. 옛날 잔치는 삼동네 사람들을 다 먹이면서 사나흘이나 치러졌지만 구정물통의 돼지 먹이가 조금 톱톱했을 뿐 버리는 게 없었다. 차일 걷은 마당을 비질해서 나온 얼마 안 되는 쓰레기도 쇠죽 쑤는 아궁이에 털어 넣으면 재가 되어 다시 자연으로 돌아갔다. 못생긴 모과나무 가지에 내려앉은 별빛이 잠든 동네를 지키던 그곳이 오늘따라 자꾸 생각난다.

허리께까지 오는 키 큰 쓰레기통을 끌어내 놓고 돌아서는 내 등 뒤로 달의 기척이 느껴져 뒤를 돌아본다. 집을 짓기 시작해서 언제 베어질지 모르는 건너편 자작나무 숲 꼭대기에 달이 떠 있다. 어릴 적 우리 집 접시 밑에 그려 있던 반달이다. 오늘은 할머니가 노란 반달로 찾아 오셨다.

오래된 편지

누구에게나 편지에 관한 추억이 있을 것이다. 소중히 간직하기도 하고 찢어버리기도 했으며 혹은 보내지도 못한 채 가슴에만 묻어 두었던 편지에 관한 추억 말이다. 사람들은 아주 오랫동안 편지라는 방식을 빌어 소통을 해왔지만 전화의 출현으로 뒷전으로 밀려났다. 눈을 깜빡이거나 숨을 한 번 쉬는 순간도 길다고 여길 만큼 모든 소통이 빨라진 이런 시대에 손으로 쓴 편지는 좀 구태의연한 소통의 방법으로 여겨질 수도 있다.

마음에 품은 생각을 글로 써서 우표 붙여 보내고 하루하루 답장을 기다리며 목을 길게 빼던 편지에 비하면 요즈음 나오는 미디어의 소통 속도는 계산할 수 없이 빨라졌다. 태평양을 건너는 문자의 속도는 순식간이라는 단위가 남음이 있을 정도다. 모든 것이 빠르게 흘러가고 있다. 그런데 행여 생각의 깊이는 상대적으로 줄어들고 있는 건 아닌지. 기다림에 익숙지 않은 사람들에게서 은근한 사람의 냄새도 점점 줄어들고 있는 건 아닌지 모르겠다.

초등학교 때 국군장병 아저씨께 썼던 엽서가 처음으로 써본 편지 형식의 글이었다. 엽서의 내용은 늘 비슷했다. 눈보라 몰아치는 추위 속에 서서 나라를 지키는 아저씨에 대한 고마움과 공부를 열심히 하겠노라는 약속 같은 것을 썼던 것 같다. 그 조그만 엽서 한 장이 전선으로 배달되어 장병들에게 위안이 되었는지 알 수는 없다. 하지만 쓸 말을 망설이느라 창밖을 내다보며 생각에 잠기고, 다시 엎드려 연필 소리를 사각거려 보던 그 겨울 교실의 풍경은 선명한 기억으로 남았다.

사랑을 시작하며 편지를 써보지 않은 사람은 없을 것이다. 하얀 종이 한 장을 앞에 놓고 첫 줄을 쓰지 못해 손끝을 망설이던 밤이 있었다. 가슴에 품은 감정을 표현하려면 글은 언제나 마음을 따라잡지 못했다. 적당한 표현이 생각나지 않아 창문을 열면 하늘엔 별들이 무성했다. 들숨을 쉴 때마다 이마 가까이로 다가오던 그 숱한 별들처럼 하고픈 말들은 많았지만 써놓은 편지는 어색하기만 했다. 애써 쓴 편지를 구겨버리며 고개를 들면 어느새 새벽이 창문 가까이 다가와 있었다.

어렵게 쓴 편지를 접으면서, 또 봉투의 입구에 밥풀을 바르면서까지 망설여지는 것이 편지를 쓰는 일이었다. 마침내 우표 뒷면에 침을 발라 떨어지지 않게 눌러 붙인 뒤 우체통을 향해 걸음을 옮겼다. 조금이라도 빨리 도착할 것 같은 마음에 가까이 있는 우체통을 지나 늘 우체국까지 걸어서 갔다. 빨간 우체통 밑으로 편지가 톡 하고 떨어지는 소리가 들리는 순간부터 또 기다려지는 것이 답장이었다. 편지는 수신인과 수취인 모두에게 반가움이었으며 또 기다림이었다.

공들여 쓴 편지를 가슴에 안고 찬 바람 속을 타박타박 걸어서 우체통을 찾던 시절은 이제 다시 돌아오지 않을 것이다. 날마다 우편물이 홍수처럼 쏟아져 들어오지만 대부분 반갑지 않은 고지서와 쓰레기로 처리할 홍보물이 전부이다. 편지를 쓰지 않게 된 사람들은 더 이상 설렘으로 우편함을 열어보지도 않는다. 빨간 우체통들은 흘러가는 시간 앞에 무력해진 늙은 군인처럼 거리에서 퇴장하고 있다. 이제 빨간 우체통이 서 있던 거리의 모습도 추억의 풍경 속으로 잠적할 것이다.

내겐 오래된 편지함이 하나 있다. 뚜껑을 열면 먼저 묵은 종이 냄새가 난다. 방학 때 선생님이 보내주신 엽서도 있고, 네 잎 클로버나 마른 꽃잎을 끼워 놓은 옛친구들의 편지도 보관되어 있다. 그리고 할아버지와 어머니께서 보내주신 편지가 있다.

사회에 나가 첫 월급을 타고 시골에 계신 할아버지께 소액환을 보내드린 적이 있었다. 그 답으로 보내주신 편지는 지나간 세월만큼이나 누렇게 탈색되어 있다. 음력 사월이라고 쓴 날짜가 적힌 할아버지의 편지는 세로글씨로 쓰여 있다. 그 편지를 읽다 보면 봄날 어느 하루, 손녀에게 쓰신 편지를 들고 이제나저제나 언제 올지 모르는 우체부를 기다렸을 할아버지의 모습이 그려진다. 자전거를 타고 비둘기가 그려진 우편 행낭을 멘 채 들길을 가로질러 나타날 우체부를 고대하고 서 계셨을 할아버지의 모습이 보이는 듯하다.

할아버지의 편지에서 손녀를 기다리며 송홧가루를 따서 오지항아리에 간직해 놓았다는 구절을 발견한다. 해마다 봄이 오면 할아버지는 생솔가지를 털어 송홧가루를 걷어 오셨다. 할머니는 체에 받친 고운 꽃가루와 꿀을 반죽해 다식을 만들어 주셨다. 국화꽃이나 수레바퀴 모양으로 찍어낸 다식에서는 노란 솔꽃 향기가 쌉쌀하게 났다. 할아버지는 내가 보내드린 만 원짜리 소액환을 돌아가실 때까지 쓰지 않고 간직하셨다.

상자 안에는 태평양 건너온 어머니가 보내주신 편지도 있다. 어머니는 아이를 낳을 때마다 안타까운 마음을 편지로 적어 보내시곤 했다. 나와 아기에게 한 통씩 보내셨다. 산모인 나에게는 산후 몸조리법에 대해 상세히 적으시고 아기에게는 못 보는 안타까움에 대해 적으셨다. 익살스럽게도 앙앙, 많이 울으라 당부하시기도 했다. 다시 읽어보는 편지는 타국에 사는 딸을 향한 그리움으로 얼룩져 있다. "큰 눈은 아빠를 닮고 톡 튀어나온 이마는 어미를 닮았구나"로 시작되는 편지는 손녀의 첫 사진을 받아보시고 보낸 편지였다. 사진이 닳도록 들여다보셨다던 복사꽃 두 볼의 작았던 그 손녀는 이제 자라서 가을이 되면 시집을 간다.

어머니의 오래된 편지를 읽다가 문득 나도 결혼을 앞두고 있는 딸에게 편지를 써야겠다는 생각이 들어 종이를 찾는다. 딸이 태어난 지 얼마 되지 않아 초저녁이면 이유 없이 울어대던 이야기로 시작하여 편지를 쓴다. 괜찮아 괜찮아 하면서 딸아이를 등에 업고 집 안을 서성거리며 애태우던 이야기를 적는다. 등에서 잠이 든 너의 작고 따스했던 체온으로부터 받던 위안에 대해 써 내려간다.

햇살에 새순이 자라듯 아침저녁으로 자라며 눈 맞추고 웃던 모습을 기억하며 편지를 쓴다. 작은 입술을 달막이며 옹알이하던 모습이나 좁쌀만 한 앞니를 발견했던 순간의 감동에 대해 적는다. 위태로운 걸음마와 아장아장 걷던 뒷모습의 어여쁨에 대해 써 내려간다. 네가 성장통을 겪을 때 엄마와 다투던 일마저 축복이었다는 깨달음에 대해 쓴다.

세월이 얼마나 무심하게 흘러가는지에 대해 말한다. 그리고 끝으로 외할머니의 빛바랜 편지를 소중히 접어 내가 딸에게 쓴 편지에 동봉한다. 편지를 읽고 난 딸은 무심코 서랍 어디쯤에 넣어둘지도 모르겠다. 그리고 언젠가, 그 편지지의 색이 바랠 즈음에 한 번쯤 다시 편지를 읽어볼 기회가 올 것이다. 오늘 저녁의 나처럼 말이다.

창밖에는 음력 사월이 다시 찾아왔다. 흘러간 세월은 송홧가루를 싣고 간 바람처럼 아득하고 희미한데 편지 상자를 덮고 돌아서는 내 가슴에는 박달나무 다식판 같은 그리움이 선명하다.

아직
끝나지 않은
이별

　남편이 세상을 떠난 것은 확산된 코로나로 인한 비상시국이 선포되기 이틀 전이었다. 항암치료를 이기지 못하고 의식이 없어진 지 꼭 열흘 만에 그는 호흡을 내려놓았다. 평온한 얼굴로 떠난 남편을 차가운 병실에 혼자 두고 나올 때 밖의 세상에는 일몰이 내려앉고 있었다. 그 일몰 사이로 봄이 숨어들고 있었다. 거짓말처럼 꽃이 피고 있었다.

　발렌타인데이에 태어나 화이트데이에 떠난 이력에 걸맞게 남편은 모든 것에 사랑이 우선인 사람이었다. 나는 엄하기만 한 아버지 밑에서 자랐다. 처음 마주한 남자의 부드러움은 낯설었지만, 곧 그 부드러움에 반해 그를 좋아하기 시작했다. 우리는 찻집의 구석진 자리에서 만나 하오를 보내며 문학과 사랑에 대해 해 지는 줄 모르고 이야기했다. 처음 먹어보던 하이라이스는 새로운 세상의 맛이었다. 알라딘의 요

슬램프처럼 생긴 팟에서 하얀 김이 피어오르는 소스를 부어 주던 그는 따뜻했다.

이념과 최루탄이 대립하고 책과 권력의 충돌이 잦던 시대였다. 시절은 거칠었지만 신춘문예의 문을 두드리던 그의 시는 부드러웠다. 부드러움만이 모든 강한 것들을 덮을 수 있다는 그의 지론에 반해 평생을 그 남자 곁에 살기로 약속했다.

성급히 떠나버린 남편을 땅에 묻던 날, 직계가족에게만 허락된 이별식의 시간은 15분이었다. 남편의 관이 땅으로 들어가는 모습도 거리의 제한 때문에 멀찌감치서 지켜 보아야 했다. 눈물로 기도하는 두 아들과 따뜻했던 시아버지를 기억하는 며느리들의 작별 인사가 이어졌다. 아빠라고 한마디 부르고 말을 잇지 못하는 딸의 차례가 지나고 마지막으로 내 차례가 되었다. 나는 혼자 남아 살아가야 할 세상에서 크고 작은 일을 결정할 때마다 당신에게 묻겠노라 말했다. 허다한 허물을 덮는 것은 사랑뿐이라던 당신을 흉내 내어 남은 세상을 살아보겠노라 약속했다.

한 사람의 죽음은 참을 수 없는 비극이더니 빈번한 죽음이 한낱 통계로 선포되는 세상에서 해를 넘겨 살았다. 영화 속의 느린 장면처럼 비현실적인 세상 속으로 하루가 지나면 수천의 죽음 위로 다시 수천의 죽음이 더해지는 뉴스를 접해야 했다. 그 사이 남편과 이끌어온 사업체들이 풍랑에 내몰려

좌초되기 시작했다. 세탁소들의 매출이 반의반으로 곤두박질쳤다. 생활필수업체로 분류되어 닫을 수도 없는 가게들은 터무니없이 밝아 보이는 불빛만이 지켜냈다.

마스크를 만들어 줄 수 있느냐는 손님들의 전화가 걸려 왔다. 나에게도 마스크는 필요했다. 가게들이 문을 닫았으니, 천을 구할 수가 없었다. 옷장을 뒤졌다. 한국 방문길에 사 온 잠옷 세트가 박스 안에 그대로 있는 게 보였다. 몇 번을 망설이다 가위를 대고 자르기 시작했다. 그 천으로 만든 서른 몇 개의 마스크는 순식간에 팔렸다. 그렇게 시작한 천 마스크가 수천 장 팔려 나갔다. 쉬지 않고 가위질을 한 손바닥에는 물집이 잡히고 손가락 마디마다 굳은살이 박였다. 마음속에 슬픔이 서식할 겨를도 없이 그렇게 여름이 지나갔다.

견딜 수 없는 건 일몰이었다. 일에서 돌아오는 시각에 일몰을 마주해야 하는 건 고문이었다. 풍경이 사람을 불러온다는 것을 그때 알았다. 계절이 지나가는 것이 무서웠다. 계절이 바뀌고 풍경이 색깔을 입거나 벗을 때마다 남편 생각이 났다. 작은 풀꽃 하나도 그냥 지나치지 않고 같이 보자고 손짓했던 그가 생각났다. 노을이 지면 그 노을을 따라가기도 했다. 숯불 같은 노을 넘어 어딘가 남편이 있을 것만 같았다. 가을은 비어가는 나무들 사이로 숨바꼭질하듯 석양을 데리고 다니며 나를 끌고 다녔다.

일몰을 넘기고서야 가게를 나서는 날도 많았다. 겨울이 오고 단호한 겨울 풍경 속에 바람이 부는 방향으로 으스스 몸을 떨어대는 나무들을 바라볼 때 가슴에 구멍이 뚫렸다. 앰뷸런스가 잦은 고함을 질러대며 지나가는 새벽이나 험악한 풍경 속으로 함박눈이 쏟아질 때 또 그랬다. 누군가가 만들어 놓은 눈사람이 겨울 햇살에 눈물처럼 반짝이다가 사라질 때 다시 울었다. 분명 지상에는 없는 사람인데 실종된 사람처럼 어딘가 있을 것만 같아 뒤돌아보기도 하고 쫓아가 보기도 했다.

남편이 떠나고 몇 개월 뒤, 어머니마저 세상을 떠났다. 사위가 먼저 떠난 줄은 꿈에도 모르는 어머니에게 동영상으로 마지막 인사를 했다. 남편에게 했듯 먼저 가 계시라는 작별 인사를 익숙해진 듯이 했다. 어머니는 가뭇하게 눈을 움직이는 것으로 대답을 대신 하셨다. 나는 세상에서 나를 가장 사랑했던 두 사람을 잃고 영락없는 고아가 되어버렸다. 떠나는 사람들은 나비처럼 가벼이 나를 떠났고 남은 나는 무거운 이별을 등짐처럼 지고 살아가고 있다.

오늘도 나는 문 닫는 시간이 지난 가게에 앉아 마스크를 만들고 있다. 구절초 같기도 하고 데이지 같기도 한 작은 꽃이 피어 있는 천에 가위질한다. 수천 번의 가위질은 손가락에 회복되지 않을 굳은살을 만들었다. 반세기 전에 그가 이쁜 손이라고 칭찬했던 손은 엄지도 검지도 반창고투성이다. 그러고 보니 남편을 처음 만나던 날 스웨터 속에 입었던 블라우스가 이런 잔꽃 무늬였던 것 같다. '맞아 맞아, 두 번째 만나는 날도 같은 블라우스를 입은 네가 더 이뻐 보였지' 어깨를 토닥이고 가는 남편의 따뜻한 기척이 느껴진다. 창밖을 보니 다시 하루가 저물고 있다. 이제는 일어나 문을 닫고, 내 하루를 닫고 언제나처럼 석양을 향해 운전할 차례이다. 끝나지 않은 이별을 하기 위해 페달을 밟을 시간이다.

김용미의 아름다운 수필

―해외 문학과 김용미

김우종 (문학평론가)

1. 해외 문학과 김용미

한국문학사에서 해외 작가의 문학은 거의 잊혀 있는 것이 관례다. 물론 국내 작가들의 경우에도 잊힌 사람들이 수없이 많으며 그것은 문학사적 가치의 비중 때문만이 아니라 연구와 평가에 참여하는 교수와 비평가의 관심도가 많은 원인이 되고 있다.

한국인이 한국어를 표현 수단으로 하는 문학이라면 거주나 국적은 한국문학이라는 범주에서 한발 물러서야 할 아무 이유도 없다. 더구나 어떤 정보와 교통의 차단도 용납되지 않는 일일권의 글로벌 시대에는 그 같은 공간적 거리와 그 지역에 속한 신분적 명칭은 아무 의미도 없다. 그런 의미에서 김용미는 한국 수필 문학사의 한 자리를 든든하게 차지할 훌륭한 작가다. 김용미의 수필은 폐쇄의 장벽을 넘어서 더 넓은 세계적 들판에 아름답게 피어 있는 꽃이라 할 수 있다. 그의 작품은 한국문학으로서의 그 가치로 눈여겨봐야 할 일이다. 그러면서도 그의 수필의 본질을 말하는 자리라면 그가 국외 작가라는 것도 밝혀야 할 이유가 있다. 왜냐면 지금까지 그의 문학을 낳게 만든 배경 속에는 그동안의 미국 생활이 매우 중요한 의미를 지니고 있기 때문이다.

그의 수필의 본질은 그가 40여 년 전에 한국을 떠난 작가라는 것과 무관할 수 없다. 왜냐면 지금까지 그의 문학을 낳게 만든 배경 속에는 그동안의 탈조국이 매우 중요한 의미를 지니고 있기 때문이다.

첫째, 그는 조국을 떠나서 낯선 땅에 뿌리를 내렸기 때문에 이민문학으로서의 새로운 소재로서 '신변잡기'의 오명을 깨고 문학세계의 영역을 넓히고 있다. 또 그는 이민자이기 때문에 원천적으로 모국에 대한 향수의 정이 짙을 수밖에 없는 서정성을 지니고 있어 문학적 감동을 증대시킨다.

둘째, 모국에 대한 남다른 향수는 어미가 자기 자식에 대하여 자궁 속의 전설까지 잊지 못하고 과거에 대한 강한 기억력을 지니게 한다. 한국인이 한국어와 한국문화를 몽땅 잊어버리고 영문자를 모르면 제 자식이 사는 아파트도 찾기 어려운 세상이 된 것도 우리가 한국에 살면서 한국을 잊고 있기 때문이다. 이 망국 사태와 달리 한국어와 한국문화의 소중함을 말해주는 것이 김용미의 문학이다.

셋째, 그의 문학은 이 세상에 대한 사랑의 정신이 짙다. 잃어버린 북쪽의 고향과 가족을 잊고 사는 실향민도 있지만 그리움이 병이 되는 실향민도 있다. 이것은 사랑의 문제다. '산에 산에 피는 꽃은 저만치 혼자서 피어' 있기 때문에 '산에 사는 작은 새는' 그 꽃을 사랑하지만 아침의 새소리가 시끄러워 창문을 닫는 사람도 있을 것이다. 작가는 남의 집 담 너머로 늘어진 수국 한 송이를 슬쩍 해버린 일이 있었지만(「꽃이라 써보고 별이라 불러 보는 것」) 수국 따위에는 관심 없는 사람도 있다. 작자가 풀 한 포기와 작은 짐승들과 새 소리를 그리워하는 것(「구부러진 길」)도 이 세상에 대한 사랑 때문이다.

사랑만이 이 세상에 평화와 행복을 약속해 준다. 그리고 이런 작가의 사랑은 고향인 한국을 넘어 세계로 향한다. 그는 '잠든 동네를 빠져나와 자작나무 숲을 돌아 내 삶의 터전인 세탁소로 가는(「꽃이라 써보고 별이라 불러 보는 것」) 미국 생활에 있어서도 사랑의 시선으로 모든 사물을 본다. 몽골, 과테말라, 엘살바도르, 페루, 멕시코에서 온 이민자들의 모국어, 저마다의 삶이 뜨겁듯이 저마다의 모국어도 뜨거운 것(「꽃이라 써보고 별이라 불러 보는 것」)이라 말하며 그들의 고향과 모국어에 비중을 둔다.

2. 시간의 미학과 치유의 문학

이런 특성을 고려하며 김용미 수필에서 필히 언급해야 할 세 가지만 논하면 다음과 같다.

창작의 시점은 누구나 과거와 현재와 미래로 나누인다. 김용미 수필의 남다른 특징은 과거의 시간으로 돌아가는 시간의 미학이 구축되고 있다. 그것은 다시는 되돌아갈 수 없는 먼 과거에 대한 간절한 그리움이 된다. 그 그리움은 너무도 절실한 절망적 소망이기 때문에 마치 시간 여행으로 과거의 그 자리로 돌아가버린 듯한 생동감과 환상적 영상을 지닌다. 다시 말해서 과거에 대한 재생이 현실처럼 너무도 선명한 회화적 기법으로 나타나고 있는 것이다.

겨울이면 쩡쩡, 저수지 어는 소리가 들려왔다. 어는 건 저수지뿐이 아니었다. 안채와 작은채 사이의 작두샘은 아침마다 뜨거운 물 한 바가지를 들이켜고서야 물을 내놓았다. 세수하고 돌아서기 무섭게 머리칼이 얼었다. 얼은 쇠문고리에 손을 대면 쩍쩍 달라붙었다. 빨랫줄에 접힌 채 얼어 있는 빨래를 잘못 건드리면 부러졌다. 마루 위의 걸레도 얼고 그 옆의 놋요강도 얼었다. 윗목에 놓아둔 숭늉 사발도, 흰떡가래 빠져 있던 물두멍도, 아껴 두었던 살강 위의 달걀 두 알도 얼어버렸다. 행주질 쳐낸 밥상 위에도 돌아서기 바쁘게 살얼음이 얼어 동치미 사발이 미끄럼치며 돌아다니기 일쑤였다.

「그해 겨울, 첫 번째 이야기」는 이렇게 저수지가 어는 소리로부터 시작된다. 아득한 옛날에 시골에 살 때나 들을 수 있었던 저수지의 얼음 어는 소리를 상기시키면서 이 작품은 첫 문장에서 지체없이 독자를 수십 년 전 과거의 세계로 되돌아가게 만든다.

도시에 사는 누구라도 어린 시절에 시골에서 추운 겨울을 보냈고, 저수지가 가까운 곳에 있었다면 저녁에 저수지가 어는 신비한 소리를 들을 수 있었고 그것을 상기할 수 있을 것이다. 그러나 이 소리를 수필의 첫머리에서 끌어낼 수 있는 것은 누구보다도 생생하게 항상 기억하고 간절함이나 그리움으로 간직하고 있기 때문이다. 그다음 이야기들도 거의 모두 그렇다.

「구부러진 길」은 치열한 경쟁사회에서 인간적 정서가 깃들 모든 여유를 청개천이나 봉천동 언덕 위의 판자촌처럼 철거해 버리고 마치 성형수술로 몇 해 뒤에는 제 자식도 알아보기 힘들게 된 현대사회에 대한 비판이다. 그것을 '구부러진 길'이라는 과거의 시골길에 대입하여 훌륭한 이미지의 비유법을 만들어 나가고 있다.

이 작가는 그런 의미에서 과거에 대한 남다른 놀라운 기억력을 간직하고 있다. 그런데 지난 세월에 대하여 이처럼 남다른 기억력을 갖고 있는 사람은 두 가지다. 하나는 원래 그렇게 선천적으로 태어난 사람이고 다른 하나는 그 과거가 주는 시간적 공간적 상처다. 되돌아가고 싶어도 영원히 갈 수 없다는 시간적 상처는 절망적 상처이며 조국을 떠났다는 것은 공간적 상처다. 떠나온 고향은 너무 먼 곳이기에 지구 반대편의 공간적 거리가 주는 슬픔은 가슴 속에 상처를 남긴다. 그리고 이것은 만성적인 불치병이 될 수 있다.

그런데 작자는 이 불치병을 문학으로 극복해 내고 있다. 그는 매우 선명한 기억력 때문에 누구보다도 재생력이 강하다. 우리는 그의 수필을 통해서 잃어버린 과거를 되찾는다. 그것은 분명히 과거의 흑백사진이지만 우리들의 상상력을 되살리고 위안을 주는 강력한 힘을 지닌다. 그래서 소위 힐링의 처방으로 이런 작품을 찾게 된다.

아침마다 뜨거운 물을 한 바가지씩 들이켜고서야 물을 퍼낼 수 있는 작두샘의 풍경이나 쇠문 고리에 쩍쩍 손이 얼어붙던 기억, 동치미 사발이 밥상 위에서 미끄럼 치며 돌아다니던 기억, 아궁이에서 덥이던 신발에서 나던 고무 타는 냄새 등 모든 것이 너무 생생하다. 정지용의 「향수」에 나오는 고향 풍경은 노래로 부르기는 좋아도 향수의 실제적 감동은 여기에 비할 수가 없다.

만일 이 작가가 한국에서 그대로 살았어도 이런 작품을 쓸 수 있었을까? 과거의 연인에 대한 사랑의 농도와 그 헤어진 사람에 대한 기억력의 정도가 거의 정비례하듯이 고향에 대한 그리움의 농도와 그에 대한 기억력이 거의 정비례하는 것이라면 이 작가가 이런 수필을 성공시킨 이유는 그렇게 고향을 멀리 떠나 있었고 그 그리움이 너무도 간절했기 때문이라고 봐야 할 것이다. 그리고 여기서 시간의 미학이라는 창작의 기법이 확인된다.

놓친 열차는 아름답다는 말처럼 우리는 잃어버린 과거에 대하여 무조건적 그리움을 갖게 된다. 그래서 현재의 사건 진행과 달리 현재와 과거를 통해서 시간의 거리를 만들어 내면 그 작품은 무조건적으로 아름다움의 감동을 유발하게 된다. 다만 그 같은 시간의 거리가 문학적 가치를 발휘하려면 그만큼 과거가 현재처럼 생생하게 표현되어야 한다. 죽은 사람이 생생한 모습으로 눈앞에 나타나듯이. 그런 의미에서 이 작품은 시간의 미학 또는 공간의 미학이 지니는 창작 기법의 비밀을 잘 보여주고 있다.

3. 모국어 사랑

 오늘의 한국문학에서 거의 공통적으로 나타나는 결함의 하나는 우리말의 용량이 너무 축소되고 그 대신 인터넷 용어를 비롯하여 품위를 잃은 신생어를 함부로 쓰는 현상이다. 남녀 애정 관계에서 아주 많이 쓰는 오빠나 아빠의 예를 봐도 그렇다. 연인이나 남편을 그렇게 부르는 것은 남매간 또는 부녀간의 추악한 근친상간을 뜻하게 된다. 그러므로 이것은 아주 천박한 신조어이며 문학이 사용해서는 안 된다. 또 이별을 '깨진다'라 하고 '한턱내다'를 '쏜다'라고 말하는 것도 그렇다. 가랑이가 깨지는 것도 아닌데 서운한 이별을 왜 깨진다고 해야 하며 문학이 왜 이를 따라가고 있는 것이며, 한턱낸다는 것을 왜 총을 쏜다는 말로 바꿔 써야 하나.
 그런데 김용미의 수필은 이렇게 시궁창처럼 오염된 언어가 없이 마치 우리말의 청정지역을 만나는 느낌이다. 그리고 이런 순수성과 함께 우리에게서 이미 많이 잊어가는 용어들이 등장한다. 작두샘, 솔잎 모갱이, 까치 홍시, 물두멍, 초꼬슴, 도래 멍석, 등 과거로 사라져 가는 문명의 도구와 함께 이미 잊어버린 언어들이 모두 되살아나고 과거의 정서를 재생시키고 있다.
 한국문학은 한국어를 표현 수단으로 삼는다. 그림이 색채

나 모양을, 음악이 멜로디를, 무용이 몸짓을 표현 수단으로 하고 있듯이 문인은 그 언어에 대한 예리한 감각과 함께 풍부한 용량을 갖추고 있어야 한다는 뜻에서 김용미의 수필은 언어예술로서의 훌륭한 가치를 확보하고 있다.

그리고 이것은 그의 우리말 사랑 때문이기도 하다. 「똥강아지가 보낸 편지」는 작자의 모국어 사랑을 주제로 한 작품이다. 이민 생활 속에서 겪은 실화 등을 통해서 우리가 왜 우리말을 다음 세대들에게도 열심히 가르쳐야 하는지를 설득력 있게 펴나가고 있다.

4. 세상을 사랑하는 문학

수필가마다 자신들이 선택한 소재를 통해서 여기에 다양한 주제를 담아 나가게 된다.

김용미의 작품들을 과거지향적인 것이 많다. 과거의 세계에는 딸자식을 위해서 늘 보따리를 싸들고 나타나시던 어머니(「보따리」)와 바람의 악기 풍금을 좋아하시던 아버지(「풍금소리」) 그리고 가을걷이가 끝나면 시루떡 순회를 하시는 할머니(「반달접시」)가 나온다. 또한 질컥이는 고무신 소리로 작은 대문을 사용하시던 할아버지(「작은 대문」)와 눈 내리는 날

뒷산에서 만나기로 한 외할아버지(「그 산에 내리던 눈」)같이 지나가 버린 과거 속의 그리운 얼굴들이 많이 나타나고 고향이 나타난다. 그래서 고향에 대한 그리움과 사랑은 곧 한국에 대한 그리움이며 사랑이 되기도 한다. 그런데 그 같은 사랑과 향수가 감상주의에 기울지 않고 매우 건강하고 아름다운 정신으로 작품 주제의 무게를 형성하고 있다. 그 주제는 인류에 대한 사랑과 평화의 정신이다.

피천득은 수필에 대해서 이렇게 말했다. 수필은 "정렬이나 심오한 지성을 필요로 하지 않는다"고. 그리고 그것은 "여인이 걸어가는 숲속의 조용한 길"이라고 했다. 김용미의 문학이 지닌 주제는 이와는 확실히 다르다. 작가는 우리가 너무도 가난했던 과거의 역사를 되새기는 데 그치지 않고 이제는 아직 고통받는 세계 도처의 많은 사람과 나눔의 정을 가져야겠다는 말을 하고 세계적 평화까지를 말한다. "평화의 본디 뜻은 밥을 나눠 먹는다."라는 뜻이라고 말하며 우리가 이제는 이에 참여해야 된다는 결론에까지 도달한다. 그러므로 뜨거운 정열도 버리고 심오한 지성도 버리고 조용한 숲속 오솔길로 피신해 있던 형태의 다수 국내 문학과는 아주 다른 지성의 깊이와 책임감을 나타내고 있는 것이 김용미 수필이다. 깊은 사람의 정신만큼 우리들의 가슴을 흔들어 주는 아름다운 문학은 없다. 또한 이미지의 현상학으로 유명한 가스통

바슐라르는 아름다움이란 그 같은 "가슴 속의 울림"이라고 규정하고 있다. 김용미의 수필은 그런 아름다움 때문에 가슴에 와닿는 울림이 크다. 그런 의미에서 그의 수필은 아름다움으로 충만한 꽃밭이다.